中西禮服史

蔡宜錦　編著

全華圖書股份有限公司　印行

劉序

　　在織品設計、藝術與流行設計領域中，素有專精造詣與精微洞見的蔡宜錦老師，於本校服裝設計科畢業後，再接再厲考上輔仁大學織品服裝學系，畢業後並遠赴英國進修，先後取得諾丁漢傳德大學藝術與流行設計（The Nottingham Trent University Art and Design）碩士及地蒙佛大學織品設計與產品開發（De Montfort University Textile Design and Production）博士學位。目前任教於本校服裝設計系，並兼任服裝設計系系主任一職。

　　蔡主任長期從事織品設計與產品開發、藝術與流行設計研究與教學，有豐富創作展演的經驗，並獲得優異競賽成績；同時積極參與國科會、公民營機構之產學研究案，於學術專刊及時尚雜誌撰文發表研究心得，並屢獲各學術團體邀請參與講座及發表論文，蔡主任於服裝設計領域之專業涵養及斐然成就可見一斑。

　　禮記王制云：「六禮：冠、婚、喪、祭、鄉、相見。」婚禮為六禮之一。禮記婚義云：「婚禮者，將合二姓之好，上以事宗廟，而下以繼後世也。是故君子重之。」又云：「敬慎重正而後親之，禮之大體，而所以成男女之別，而立夫婦之義也。」由是可見古時婚嫁之功能及其重要性。然而隨著時代的進步變遷，禮儀制度也有所更移，曲禮云：「禮從宜，使其俗。」禮所以從宜者，有因時制宜、因地制宜、因人制宜之處，對於身處成家為立業之本的臺灣社會，婚姻實為國家社會安定之基石，也是個人安身立命之依據。婚姻既是傳統文化道統之所繫，其中的婚儀除兼具宗教性與社會性意義外，婚禮中的服制也同時反映出社會文化價值與個人品德涵養。隨著社會文明的進步發展與經濟繁榮，人民生活水準大幅提昇，禮儀服制在東西方社會也愈趨受到人們的重視與講究。

有鑑於此，蔡主任在教學研究與繁重的系務工作之餘，潛心專研東西方禮儀服制，撰述《中西服裝學—婚紗禮服史記》一書，於西方國家的婚俗典故乃至臺灣人的婚俗典故，均能旁徵博引，如數家珍般引述詳考；並且跨越不同世紀、宗教與國界，闡述婚紗禮服今昔演變的多采風貌，內容精闢詳實。書中並輔以多幀精美圖片，拜讀之後，不禁令人有巡禮於歷史迴廊，走入美麗新境界之感。

　　值茲社會文明遞嬗之際，年輕一代往往漠視婚姻制度及禮儀倫常，引發不少社會問題與危機。此書之出版，除了豐富教學資源，提昇教學品質外，亦適用於一般社會大眾，詳加批覽，相信對於全民生活品質與文化涵養的提昇，及與國際社會接軌之入門禮儀習俗的認識，必大有助益。此書卷帙井然分明，圖文精緻華美，是一本值得學術界與社會各界參卓之佳作，故特綴數語，樂為之序。

台南女子技術學院董事長　劉應嶽 謹誌

民國九十四年四月

陳序

　　「婚紗禮服」在世界各國禮儀服式中，可以說是最能打動人心的禮服；「她」融合了各地民俗儀式與傳統文化，以及穿著者的個性與審美觀，呈現出令人動容的美麗風貌，對即將步入人生另一里程的人兒作了極佳的禮讚。

　　本校服裝設計系蔡宜錦主任，以她對服飾設計、造型美感的專業理解，以及細膩的美學感觸，實是求是地將婚紗禮服相關的資料，收集和編著成《中西服裝學—婚紗禮服史記》一書，不僅提供我們婚俗典故與婚紗禮服的服式背景，讓我們了解服飾演變的面貌，更提供給對於服飾研究、服飾設計與造型藝術有興趣的讀者，一個亙古通今的知識，成為啟發創作與應用的靈感來源。

台南女子技術學院校長 陳擎村 謹識

中華民國 94 年 4 月

黃序

　　成立自己的婚紗店後才知道原來自己懂的如此侷促，除了服裝禮儀之外，從文定到歸寧我幾乎一無所知，幸好長達一年的店務籌備，讓我學習進入婚姻中的每項流程和每個細節。對於像我如此顛覆傳統的人來說，臺灣習俗既複雜、難懂又有深度。

　　這是一本讓我受益良多的書，與其說我為此書寫序，倒不如說，因為寫序的緣故使我比別人先獲得補充知識的機會。在本書中，作者有完整的資料搜集編輯，以淺易的文字輕鬆傳遞婚禮箇中的繁文縟節，讓我讀出樂趣，也讓我對臺灣婚俗的典故得到解答。除此之外，更了解到不同國家婚禮中差異的文化習性。

　　此書（中西服裝學「婚紗禮服史記」），以禮服為主軸，清楚記錄每個年代的婚紗演變，由西方至東方：由差異比較到異曲同工，充分表達服裝藝術與時尚的脈動。感謝此書帶給我的融合美感，更感動蔡博士對於服裝史記的投入研究，在此謹以服裝設計師的身份，讚許這本尊重服裝設計的好書。

根號國際開發股份有限公司
計號國際開發股份有限公司　　服裝設計師　黃淑琦　謹誌

民國九十四年四月

謝辭

這本書從緣起至蘊釀、完成的時間中，有許多人直接或間接地給予我幫助。首先，要感謝台南女子技術學院服裝設計系的教育環境，對我的激勵和照顧，同時，也要感謝本校劉董事長、陳校長的提攜與支持，輔仁大學胡澤民教授在美學方面的指導與建議，以及服裝設計師黃淑琦小姐在婚紗禮服方面的知識交流。感謝我不能一一備述的師長、友人，若沒有他們的幫忙鼓勵，本書也難以寫就。

此外，我要感謝自小不斷支持勉勵我的家人，尤其是深愛我的父母，使我在服裝領域這條路上能為自己熱愛的專學全心投入，並真心感謝我的伴侶黃基正先生對我的呵護和體貼，讓我恬靜快樂的達成自我理念的實現。

最後，這本書要獻給所有對服裝領域有志趣的朋友，期待新的創意由他們滋生，希望此書能為他們增添視野，豐富未來創作之路。

台南女子技術學院服裝設計系教師 蔡宜錦 謹識

民國 94 年 4 月

目 錄

前　言

4

第一節　婚喪嫁娶禮服的概念

在民間遇到婚喪嫁娶這類家族事件，總是需要合於禮儀服制的衣服。例如，結婚典禮（如圖 0-1），這些禮儀服制在不同歷史時期也有著不同的樣式，一般像婚嫁這樣的喜事在過去通常中國人會穿紅戴綠，同理的喪事、祭祀都有約定俗成的規定。民國時期，民國政府元年頒布了《服制》，規定正式場合男子以燕尾服（大禮服）、西服（小禮服）和長袍馬褂爲禮服，因受西風東漸的影響，西式服飾和西方禮儀正式步入臺灣人的生活，以後一些中西合璧服裝，例如：中山裝、西式旗袍等也成爲中國人的禮服。民國成立以後，一度禮服的概念日漸淡薄，即使在婚喪嫁娶等場合，人們逐漸穿得越發簡單。隨著臺灣政治經濟的越發穩定，禮服的概念才會在我們的日常生活中受到重視。

| 花童 | 新郎 | 新娘 | 伴娘 | 伴郎 |

▲ 圖 0-1　結婚典禮中的禮儀服制，通常反應出當時的時代風尚和男女主人的社會地方財勢、品味。①

① Collectibles Antique photos & Greeting Cords.

第二節 禮儀服制

此外由於社交機會的增多，人們開始頻繁出入於各種酒會、商務餐會、PARTY。而音樂會和歌劇也成為人們享受生活的一種方式，相對的，對於出席這些場所的適宜服裝「禮服」的著裝規則，也愈來愈受到人們的重視和講究。

在十六世紀的歐洲，就有了古代禮服的雛形，但主要是貴族在宮庭裡所穿著的一種正式的服裝（如圖0-2）。現代禮服的穿著形式在十九世紀後半期已逐漸形成。而在中國的服裝歷史上，服裝的禮儀社交功能早已行之有年（如圖0-3），「黃帝、堯、舜垂衣裳而天下治」就是這個意思。中國最早的「禮服」可以追溯至夏商，那時期的冠服制度已初步建立，只是我們對當時的禮服知之甚少。但春秋戰國之際，服飾更被納入禮治的手段。皇室的冕服、品官冠服便是我們在歷史上的各種禮服，史料上記載的《與服誌》就是官場的禮儀服制。

▲圖0-3 十九世紀中國禮儀服式

▲圖0-2 十九世紀西洋禮儀服式

第三節　正確考究的禮服裝扮

在西方國家針對服裝有所謂的時間（time）、地點（place）和場合（occasion）等分別條件的約束。在時間上，以十八小時為一個劃分點：下午六點之前為日間禮服的穿著時間，之後為晚間禮服的穿著時間；在地點方面，娛樂場所、社交場所和典禮等場所中，禮服的穿著各有不同；因應場合的差異則有不同的服裝規定，例如在請柬上若註明了「in white tie」或「wearing formal dress」，即是要求男士穿著白色領結的燕尾服；女士穿著正式禮服。這在西方被看作是服飾文化中不可或缺的一部分，而正確考究的禮服裝扮也是修養和教養的表現，就像我們通常會在婚禮時穿著婚紗禮服一樣（如圖 0-4）。

▲圖 0-4　待嫁新娘的婚紗禮服[2]

② Fashion. com, by Pauline Weston Tomas.

An 1840 Bridal Dress, Made by Mad Beauvws Rue & Richeheu, Paris.

Victorian Wedding: Antique Prints, VICTORIAN.COM

第四節　禮服分類

女士禮服

　　女士禮服分為小禮服、準禮服和正式禮服。不同於禮服之間的差別，主要在裙長及露肩、背的程度。

1. 小禮服：嬌媚，典雅，亦稱為雞尾酒服（如圖 0-5），早期它主要用於雞尾酒會中最常用的禮服，除了雞尾酒會外，一般的商務酒會、公司年會、招待客戶酒會上都可以著這種禮服。雞尾酒會禮服是介於下午裝和禮裝之間的款式，只要裙長過膝即可，多數選擇富有亮麗感和垂墜感的面料。色彩選擇要明快、單純，例如：白色、淡粉色、天藍色等，黑色也比較常用。

2. 準禮服：一般用於文化氣氛較重的場合，例如：音樂會、時尚晚會、小型舞會、婚禮宴會等。準禮服（如圖 0-6）不強調露肩或露背，以無領或無袖的款式居多，裙長要過膝。

③芙蓉坊雜誌(1994,Nov.)。期 14 (11)。
④芙蓉坊雜誌,1992 MARCH。期 12 (3)。
⑤芙蓉坊雜誌,1992 MARCH。期 12 (3)。

▲圖 0-5　小禮服③

▲圖 0-6　準禮服④

▲圖 0-7　正式禮服⑤

▲圖0-8　蓬衣裙⑦

▲圖0-9　絲巾⑧

▲圖0-9-1　絲巾⑨

3. 正式禮服：用於非常正式、大型的晚會及宴會。正式禮服在款式上的要求也比較多。一定是無袖，一定要露出鎖骨、肩、背，裙長落地。如果在不適宜的場合穿了非常正式的晚禮服，就會顯得很窘。

其他方面還有，蓬衣裙：以性感、自如的訴求為主（如圖0-8）。若將設計優美的洋裝搭配適切的首飾或者有裝飾感的披肩、絲巾亦可使一個逛街時穿著的小蓬衣裙，變成一款優雅的小禮服。小首飾：以雅緻、清新的訴求為主。首飾也是至為重要的飾品配件，在適合的時候可以戴一些稍顯誇張的首飾；也可以搭配一些有裝飾感的小絲巾（如圖0-9）。絲巾可以繫在腰間，也可以繫在手臂上或胸前。還有可將絲巾繫在胸衣的肩帶上，再用別針將它固定在胸前，呈現出典雅別緻的風貌。

男士禮服

另一方面，男士禮服（如圖0-10）分為晨禮服和夜禮服，夜禮服又有正式和非正式兩種。最正式的夜禮服應該是燕尾服配上領結；普通的西裝可以用來做非正式的夜禮服，但一定是整燙挺拔的排釦式西裝。晨禮服的要求更為寬鬆，一顆或兩顆釦子的西裝皆可。

由於禮服是為一種正式社交場合所穿著的服裝，它代表了身分、地位、品味、教養等許多無形語言，亦是服飾文化歷史發展的結果。現代男、女士因國際關係需求穿著禮服時，大多數採用國際間通用禮服為普遍的原則。然而今日的我們最順理成章會穿著禮服

⑦芙蓉坊雜誌(1993,3)。13期(3)。
⑧哈潑時尚國際中文版(2004,11)。NO.178。
⑨哈潑時尚國際中文版 (2005,4)。NO.103。

的時候，便以結婚婚禮和婚宴最為普遍。因此，本書
將針對臺灣與歐美的結婚禮儀和婚紗禮服，作進一步
詳細的介紹和說明，期盼豐富讀者在中西式婚禮儀式
與歷史上婚紗禮服演變的意義與表現。

▲圖 0-10　男士禮服

第一章　西方國家的婚俗典故

第一節　英國的婚禮習俗

英格蘭人的婚俗豐富多變化，從求婚到渡蜜月均按自己的傳統方式進行。例如：在英格蘭北部約克市求婚方式頗為奇特，繼承了舊時民間風俗，女孩子成熟以後，需要出嫁了，便穿上不同顏色的貼身衣服，向男性示意。不同顏色表示不同的意思，這與時下的號誌燈不謀而合。綠色表示"OK"我願意戀愛，大膽追求我吧！黃色表示「我可以給你機會」如果情投意合更有可能成為情侶。紅色表示「目前我還不想談情說愛」，請給我時間。有勇氣的男士們可以依據對方的服色，再順應自己的選擇大方展開追求，便不會被誤會成舉止失當了。

除此之外按照英國傳統，鄉村裡的新娘和參加婚禮的人們總是一起步行走向教堂，並安排一位小女孩走在隊伍最前方，該小女孩需要一路上拋撒鮮花，用以預祝新娘在一生的道路上也將會開滿鮮花。

一、戴婚姻戒指

一旦雙方確立了戀愛關係，男方要送給女方訂婚戒指並舉行儀式（如圖 1-1），這種習俗遍及整個英國。中世紀以前，所謂的婚戒只不過是一只簡單的鐵環或金環，而且僅由女方配戴，配戴的位置為左手的無名指，因為據說血液會將愛情的脈動，經左手無名指傳遞到心臟，將兩人緊緊相繫，這個婚戒傳統一直到十六世紀，才轉變成男女同時配戴，一直延續到今日。結婚或訂婚戒指是許多民族的傳統習俗，英格蘭人在教堂裡舉行婚禮儀式時，新郎給新娘戴戒指是不可或缺的一項重要內容，人們甚至認為不戴戒指的婚姻是無效的。當神父詢問一對新人是否願意做對方的妻子或丈夫、能否相互尊重、白頭偕老後，新郎給新娘的無名指戴上一枚戒指。它象徵著丈夫對妻子的純真愛情，同時妻子也表示接受並忠實於這分愛情。

▲圖 1-1　訂婚儀式

戴戒指的習俗可以追溯到古代埃及與中國，它不僅作為一種信物也是一種裝飾品。婚姻戒指最初並不鑲嵌鑽石、翡翠以及紅、藍寶石等飾物，純潔的圓形象徵由婚姻聯結並團圓在一起的兩個人。在一些民族中象徵著一種魔力，保佑夫婦幸福長壽，同時，施予者表示對接受者的信任，接受者表示對施予者的忠誠。金戒指象徵愛情的純真，銀戒指意味情感溫柔。英國人同西方各國一樣，訂婚戒指是金製的而不鑲嵌任何寶石，結婚戒指應加裝飾物，至於戒指的質量則根據個人的經濟條件不同而有差異。訂婚、結婚戒指可戴在同一無名指上，也可以由結婚戒指取代訂婚戒指（如圖1-2）。英國在十六世紀時，結婚戒指的內側經常刻上家族的圖案或箴言，諸如「上帝使我成為某某人的妻子」，某位主教妻子的戒指上刻上一隻手、一顆心、一頂主教頭冠和一個骷髏，銘文是"前三個我賜予你，第四個使我超脫"。今天戒指上的銘文大多只刻上新郎和新娘名字的開頭字母。

▲圖1-2　訂婚儀式

二、穿著婚紗禮服

　　英國人結婚要穿禮服，新娘身著白衫、白裙、頭戴白色花環，還要罩上長長的白紗，手持白色花束（如圖1-3）。總之，英國人崇尚白色，它象徵愛情純潔、神聖美滿。而戴頭紗的習俗可以追溯到公元前十世紀，當時兩河流域就已盛行女子戴頭紗。在古希臘，舉行結婚儀式時不僅新娘要戴亞麻或毛織品的頭紗，而且一對新人都要戴上花冠。到了羅馬時代，不同宗教信仰的人要戴不同顏色的頭紗以示區別。中世紀以後，宮庭貴族之中出現了用珍珠裝飾的花冠。而後，發展成為白色頭紗，並且尺碼日益延長，遍及歐洲各地。

　　希臘羅馬時代起，就有在結婚典禮時蒙面紗的習俗。在希臘，婚禮當天，新娘戴著面紗、花環到丈夫

▲圖1-3　結婚儀式①

① community.webshots.com

14

註1

「鑽戒」：《聖經》上說，在遠古時代，男子向女子求婚時的證物就是指環。九世紀時，教皇尼古拉一世頒布法令，規定男方贈送婚戒給女方是正式求婚所不可缺少的步驟。

註2

「新娘禮服的顏色」：新娘禮服的顏色代表著傳統，也有特定的意涵：白色代表純潔童貞，美國和英國常用的黃色是愛神和富足的象徵。

註3

「頭飾」：新娘子在婚禮當天佩戴頭飾的習俗由來已久，古時的女子在適婚年齡都會頭戴花環，以區別於已婚婦女，象徵著童貞，如今因應時代的變化需求而有了多樣化的設計面貌與應用（如圖1-4）。

註4

「面紗」：起初新娘戴面紗是作為年輕和童貞的象徵，信奉天主教的新娘戴面紗代表純潔（如圖1-5）。因此，許多新娘在赴教堂舉行婚禮的時候都選擇戴雙層面紗，新娘的父親將女兒交給新郎以後，由新郎親手揭開面紗。此外，現代人對於貞潔的象徵性意義，已與過去時代有所不同，因此設計變化性也較多元許多（如圖1-6）。

註5

「面紗的歷史」：《聖經》記載，女性在祈禱時，如果不蒙著面紗，就表示「侮辱頭」，至於「頭」的象徵意義就是男人、丈夫，也就是神。

家裡，直至洞房花燭夜才卸去面紗，讓丈夫一睹她的芳容。在羅馬，女性也是「蒙著神秘般的面紗，嬌羞地遮住上半部的臉，再用白或黃色的花冠壓住紗幕。」日常生活中，希臘女性也在頭部蒙著面紗，從二世紀的羅馬女性畫像上面，我們可以看到她們蒙著方形及飾有紫色邊飾的面紗，至於美索不達米亞和亞述的女性，則圍著從頭部披向胸前，直到腳踝的披肩。

根據《聖經》記載，女性在祈禱時，需要蒙著面紗，表示對男人、丈夫或神的尊敬。因此，女性基督徒蒙著面紗，用以表示對基督的信仰和對丈夫的順從。漸漸的面紗逐漸脫離保暖和信仰的功用，爾後人們創造出式樣繁多的面紗讓面紗成為服裝飾品。尤其在十五、六世紀時，歐洲時興一種奇特尖角帽飾的薄紗，成為文藝復興時期的服裝特色之一。

不久，面紗逐漸在日常生活當中消失了，只在結婚禮服上流傳下來。結婚時穿著白緞禮服，配戴白色面紗的習俗是起源於英國，在一七五九年時，女孩們喜歡在頭部戴著蕾絲帽，到了一七八八年時，上流社會的女性，身穿白紗服，頭戴白面紗成為一種風尚。但是，直到十九世紀時，才有在婚禮時，穿著特別禮服的習俗。另一方面，十七世紀時，瑞士的法律規定，平時農民戴毛氈帽，但於結婚時則戴花冠作為服制。

▲圖 1-4　頭飾②

▲圖 1-7　手持花束

「花束」：鮮花代表激情和獎賞（如圖 1-7），傳達出繁榮富饒和出類拔萃的訊息，有幸接到新娘花束的人將有好運氣，也將會是下一個締結良緣的人。

「新娘站在新郎的左邊」：這個習俗起源於搶婚盛行的年代，由於擔心新娘的家人會在婚禮上將新娘搶回去，新郎必須空出右手來隨時應戰（如圖 1-8）。

註8

「互吻」：根據習俗，婚禮是以新人的親吻而宣告結束（如圖 1-9）。這一吻有著深刻的意涵：透過接吻，一個人的氣息和部分靈魂就會留在另一個人的體內，愛使他們倆人合而為一。

▲圖 1-5　面紗③

▲圖 1-8　新娘站在新郎的左邊。⑤

▲圖 1-6　面紗④

▲圖 1-9　互吻⑥

② the knot.com©1997-2004 The Knot Inc.

③ alfredangelo.com(c)2005Alfred Angelo.Inc.

④ Alexander McQueen, London SWA, COM©2000 Swarovski AG.

⑤ 208.41.57.158/faceplant/pictures/people/wedding

⑥ STYLE, ELEGANCE& GRACE FOR THE BRIDE, (2005).

▲圖 1-10　抱著新娘入洞房⑦

▲圖 1-11　撒五彩繽紛的紙屑⑧

▲圖 1-12　新婚夫婦的汽車⑨

三、撒五彩繽紛的紙屑

　　一旦舉行完婚，新郎新娘從教堂裡出來的時候，人們要向新人祝賀，這種祝賀不是親吻、擁抱和握手，而是向他們撒五彩繽紛的紙屑（如圖 1-11）。撒紙屑的習俗起源於撒麥粒。一四九一年英國國王亨利七世攜王后到布裡斯托爾旅行。旅行途中，被一位麵包師傅的妻子看到，於是她從窗子裡向他們撒麥粒，並高呼"歡迎你們，陛下！祝你們幸福、長壽"。這成為一段佳話，到十六世紀時，這一習俗已廣為流傳，人們向新郎新娘撒麥粒，有時還染各種顏色。麥粒象徵著豐收和生活富裕，同時也祝賀新婚夫婦幸福長壽，子孫滿堂。

註 9

「抱著新娘入洞房」：這項習俗是從一些土著部落的婚俗演變而來的，由於這些部落裡的單身女子太少，所以男子們要到鄰近的村落去搶親，將她們扛走，免得她們一沾地就會逃走。今天，人們認為，新娘不能用左腳邁進新房的門，所以最好讓新郎將新娘抱進房（如圖 1-10）。

註 10

「新婚夫婦的汽車」：當新婚夫婦乘車出發度蜜月時，汽車的後面會拴上許多易開罐（如圖 1-12），它起源於古代扔鞋子的習俗，參加婚禮的賓客們向新人身上扔鞋子，認為如果有鞋子投中了新人乘坐的車子，那麼就會帶來好運。

註 11

「汽車鳴笛」：跟在新人汽車後面的車隊一路不停地鳴笛，以驅走惡魔（如圖 1-13）。

⑦ Jim & Judy Clingman Production.

⑧ joannedunn.it.

⑨ bridalpeople.com.2005BridalPeople .com

四、結婚蜜月

度蜜月也是英國各地青年結婚的重要內容之一（如圖 1-14）。他們把積蓄下來的錢用於旅遊，而結婚後去旅遊便稱作度蜜月。度「蜜月」的名稱原是古代的習俗，在新婚當時一定要飲用一種用蜂蜜特製的飲料，用來象徵家庭美滿、愛情甜蜜和生活幸福。而這種飲料從結婚開始要喝三十天，因此就把新婚第一個月稱作蜜月了。

五、結婚紀念日

在英國對於結婚紀念日十分重視，每年都要慶祝並有不同的稱謂（如圖 1-15）。第一年是紙婚，第二年是棉婚，第三年為皮革婚，第四年為毅婚，第五年稱木婚，第六年稱鐵婚，第七年叫銅婚，第八年叫陶器婚，第九年為柳婚，第十年是錫婚，以後是鋼婚、繞仁婚、花邊婚、象牙婚、水晶婚。從第十五年以後，每五年各有一個稱謂，依次為塘瓷婚、銀婚（第二十五年是個大典）、珠婚、珊瑚婚、紅寶石婚、藍寶石婚、金婚（第五十年是第二大典）、翡翠婚、鑽石婚。這最後一個是第三大慶典，但很少有人能夠慶祝這個慶典。

▲圖 1-13　汽車鳴笛⑩

▲圖 1-14　結婚蜜月⑪

▲圖 1-15　結婚紀念日⑫

17

⑩ Miss Yuka Obara wedding photos.
⑪ mirta 19.tripod.com
⑫ austinwedding day.com

⑬ stanc.net by Juline & Manuel Guzman.

第二節 美國的婚禮習俗

一、美國的婚姻法

1. 宗教婚姻、世俗婚姻和習慣法婚姻

美國人的婚姻分為宗教、世俗和習慣法婚姻（即不經正式儀式而結合的婚姻）三類。宗教婚姻是傳統式的，即通過在教堂中由牧師主持宗教儀式的婚禮而結合的婚姻（如圖1-16）。這在美國是一種比較普遍的形式。世俗婚姻即婚禮不採取宗教儀式，而由地方官或其他人主持（如圖1-17），然後領取結婚證書。世俗婚姻在美國新英格蘭地區的緬因、佛蒙特、新罕布什爾、馬薩諸塞、羅得島和康涅狄格六個州得到公認。一六五三年英國奧利弗·克倫威爾民事婚姻法令中曾譴責教會對婚姻的干涉，規定必須由地方官主持結婚典禮，並要辦理結婚證書和設立檔案（如圖1-18）。以後，移民到北美大陸的清教徒沿襲了這一習慣。在長久一段時間裏，宗教儀式的婚姻都被視為非法。後來新英格蘭地區承認了宗教婚姻，實行宗教和世俗婚姻兩種作法並存，並一直沿續到今天。

美國有二十一個州認可習慣法婚姻，男女雙方同意結合後，夫妻同居，就自然形成了合法婚姻，而無需領取結婚證書和舉行儀式。習慣法婚姻在美國早期實屬必要，因為當時人們很難就近找到地方官吏或牧師。目前亞利桑那、伊利諾斯、密蘇裏和紐約四個州已宣布這種婚姻無法律效力，另有八個州通過了對習慣法婚姻進行管制的法令。

▲圖1-16　牧師主持宗教儀式的婚禮。

▲圖1-17　世俗婚姻⑬

▲圖1-18　習慣法婚姻

2. 結婚的法律要求

美國對結婚的法律要求由各州自行規定，以結婚證書為證明（如圖 1-19）。多數州規定法定結婚年齡，男子為二十一歲；女子為十八歲。有的州規定，如雙方未滿成年人年齡，須經父母同意方可結婚；有的州則不然，規定男子不滿十八歲、女子不滿十六歲者，即使父母同意也不能結婚。但愛達荷、密西西比、新澤西和華盛頓等州則允許年滿十四歲的男孩，以及年滿十二歲的女孩便可以結婚。

法律規定，只有具備一定資格的人才能主持婚禮。在有些州，牧師必須領取正式結婚證照才有主婚資格。美國各州婚姻法的規定雖不統一，但有一個具體的原則，即在一個州得到法律承認的婚姻在其他任何州均可被認為合法。因此不少美國青年為躲避所在州對自己婚姻的束縛而到其他州去結婚。為了防止輕率的成婚，許多州開始推行從申請結婚之日到發結婚證書之間實行等候期的辦法，一九五五年就已有四十三個州明訂了有關等候期的規定。

3. 結婚的禁律

在美國，親屬之間的婚姻早已被制止，但仍有八個州沒有徹底禁止近親結婚。羅得島州甚至允許叔叔與姪女、舅舅與外甥女通婚。近些年來，美國婚姻法有較大修改，強調身體健康狀況良好者才能結婚；二十九個州要求進行婚前檢查，並規定有性病者不得結婚；七個州禁止患有遺傳病的人結婚；十七個州禁止癲癇病患者結婚；三個州規定：低能者結婚必須出示絕育手術證明。

美國約有三十個州禁止不同種族（如圖 1-20）之間的婚姻。例如，南部有些州禁止白種人與黑種人通

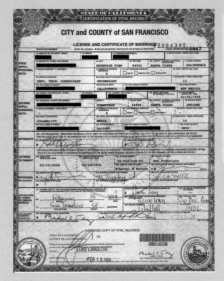

▲圖 1-19　美國結婚證書

▲圖 1-20　禁止不同種族之間的婚姻。

▲圖 1-21　結婚贈禮⑭

20

▲圖 1-22　新郎成家好友相聚歡慶⑮

▲圖 1-23　結婚禮物

婚；東部、北部和中部各州則對異族通婚不加限制。美國的婚姻法頗受羅馬、日耳曼和基督教婚姻方式的影響。許多美國團體目前正在和美國律師協會共同探索徹底修改美國婚姻法的可行性。

二、婚前準備和新婚禮品

　　男女結婚之前，往往好友都要來聚會。女青年們舉行送禮會，其中以送廚房用品爲最多，如送烹飪參考書、水桶、咖啡壺（如圖 1-21）、炒菜鍋等。男青年們也爲自己的朋友舉行一次歡敘會，並且聲言只許男人參加，女賓恕不招待。在會上，他們可以共同贈送一件比較貴重的禮物給新郎，然後追憶少年時的美好時光，互相惜別，並爲新郎的成家祝賀，舉杯相慶（如圖 1-22）。欲向新婚夫婦送禮，應在接到婚禮請帖或在結婚日期公布後，便把禮物送去新娘家。禮物應用白紙包裝，系上白綢帶，附上自己的名片，還可以寫上一句祝辭（如圖 1-23）。所送禮品多屬花瓶、瓷器、餐具、床毯等日常用品。在送給新娘的銀器或織品上刻上新娘名字的第一個字母。也是很常見的做法。

　　如果嚴格按照習俗辦理，婚前還要有一系列程序。先是舉行訂婚儀式，屆時男女雙方交換訂婚戒指，把事前準備好的鑽石戒指戴在對方的左手無名指上。這種風俗，可追溯到原始社會晚期。當時有些部落在舉行婚禮時，男女雙方要交換花環，以保證靈魂的結合。今天交換戒指，則象徵雙方相互承擔的義務和牢不可破的感情。訂婚儀式後，就要爲正式婚禮做準備，如印發請帖（如圖 1-24），展示結婚禮品並向送禮人表示感謝，兩家會親，宴請親友，布置教堂，預備男女儐相的服裝等，一切準備就緒後，婚禮的時刻便將來臨。

⑭芙蓉坊雜誌，一九九四，二期，14(1.2)
⑮ wedding 8.weddingchannel.com

三、婚禮公式

按照傳統，婚禮之日，在走上教堂的聖壇之前，新郎新娘不能會面。婚禮之前，也不允許新郎看新娘的禮服。新娘須著雪白長裙，披戴純白面紗，以象徵純潔。同時，新娘穿戴的衣物中必須包括有新的、舊的、借來的和藍色的四種東西。舊東西，可以是新娘母親穿戴過的衣物，藍色的東西通常則是藍色的吊襪帶。

整個婚禮活動從婚禮儀式開始。儀式一般在教堂舉行，但也可能安排在家中或者旅館的舞廳裡。在教堂舉行婚禮時，賓客們分別坐在教堂走廊的兩側，女賓坐右側，男賓坐左側，女賓前面是新郎父母，男賓前面是新娘父母。婚禮開始，新娘挽著其父的手臂，緩緩通過走廊向聖壇走去。他們的前後簇擁著穿著同款式服裝的男女儐相和最親近的親友。這時，負責撒花的女孩走到新娘前面，從花籃中將一把把花瓣撒在走廊上。新娘父親把新娘帶上聖壇（如圖 1-25），便把她交給著深色禮服的新郎。接著，新娘位於新郎的左邊，面對牧師，由牧師為其舉行傳統的儀式（如圖 1-26）。牧師將結婚戒指戴在新娘的左手無名指上，在鄭重地說"現在我宣布你們二人正式結為夫妻"之後，新郎新娘便回到走廊上。整個儀式一般不超過 45 分鐘。

儀式結束，新郎新娘手挽著手在音樂聲中步出教堂，參加婚禮的人們紛紛向他們拋撒米粒、玫瑰花瓣和五彩紙屑，向他們祝福（如圖 1-27）。

四、婚宴

按照習慣，婚宴由女方家裏舉辦，其豐盛程度要取決於女方家庭的經濟狀況。婚宴熱鬧非常，碰杯之聲不絕於耳。此時在座的每一位男賓都可以親吻新娘，

▲圖 1-24　結婚請帖

21

▲圖 1-25　新娘由父親帶入婚禮聖壇。⑯

▲圖 1-26　傳統的儀式⑰

⑯ 208.41.57.158/faceplant/pictures/people/wedding
⑰ 208.41.57.158/faceplant/pictures/people/wedding

▲圖1-27　拋撒花瓣⑱

▲圖1-28　新人切蛋糕款待所有客人，分享喜悅。⑲

▲圖1-29　拋花束⑳

這大概是過去封建地主在女孩新婚前夕有吻她一下的權利之故，也許只意味著新娘開始告別自己的青年時代，從此就要做一個忠實的妻子了。在精美漂亮的結婚大蛋糕被搬上餐桌後，新郎新娘要手握手地共持住一把刀，共同將蛋糕切開（如圖1-28），二人先各吃一片，然後再款待所有的客人。有時人們還把小塊蛋糕送給那些沒來的朋友。有一種有趣的說法，認為把幾塊結婚蛋糕盛在小盒中，讓未婚姑娘帶回家放在枕下，她便能在夢中見到未來的丈夫。結婚蛋糕的出現，可以追溯到很久以前，世界上有許多民族都曾把新郎新娘分吃食物作為婚禮的重要儀式。古希臘客人們在婚禮上一同分吃拌有蜂蜜的芝麻蛋糕；古羅馬早期的結婚儀式，也是新郎新娘先用蛋糕祭神，然後再二人分吃。

宴會即將結束，新娘站在屋子中間，將手中的花束從左肩舉手向背後年輕女孩們拋去（如圖1-29）。據說，碰到花束的女孩們將成為下一次婚禮上的新娘。所以這時在場的女孩神態各異，靦腆的女孩羞澀地躲閃，大方的女孩則毫不顧忌地搶著去接花束。拋完花束，新郎還可以將新娘的吊襪帶摘下來，向男士們扔去，抓住吊襪帶的人就意味著快要做新郎了。宴會在這歡樂的氣氛中結束。

⑱ Mr. pete Sandbach wedding photos.
⑲ stanc.net by Julie & Guzman.
⑳ stanc.net by Julie & Guzman.

五、結婚蜜月

　　婚禮畢，人們歡送新郎新娘去度蜜月，這個場面充滿詼諧和滑稽，與方才的莊重和熱鬧恰成對照。屆時新郎要設法帶妻子趕快離開，而那些調皮的客人則想出種種新奇花樣阻止汽車開走（如圖 1-30）。他們有時把剃鬚膏劑抹在司機座前的車窗上，使新郎不得不下車來擦掉；有時把一串鐵罐掛在車尾，弄得叮噹作響。當汽車終於突圍而出時，人們便在後面一陣追趕，最後在笑聲中目送汽車遠去。這種情景，象徵著人們對新娘的愛慕，表現出親人和朋友對新婚夫妻難捨難分的情感。此時此刻也正是新郎顯示自己有足夠力量和智慧保護妻子的大好時機。

　　度「蜜月」的說法也有一番來歷。據說度蜜月（如圖 1-31）的風俗起源於德國的古條頓人。那時男女舉行婚禮後，要到風景優美的地方旅行，同時每天都要喝蜜糖水或蜜釀的酒，連喝三十天不得中斷，以示幸福生活的開始。這種風俗一直流傳至今，只是不用再喝糖水了。度蜜月的時間也未必一定是一個月或一定要到風景區旅遊，這取決於時間是否許可，也取決於男方是否有足夠的金錢。此外這項習俗的規定與婚宴正好相反，蜜月旅行的費用是由新郎家負擔。

六、結婚周年紀念日

　　西方人對於結婚周年紀念日十分重視。美國也不例外。在美國，每逢這些結婚週年紀念日，夫妻常常互贈禮品，並說一些相互讚美和致謝的話，使對方感到欣慰。有的人甚至畫一幅巨大的圖畫，寫上「感謝你與我同甘共苦二十年」等字樣張貼在門口，妻子回家一眼望見，必然深受感動，這種做法對促進家庭生活的美滿有很大的助益。

▲圖 1-30　新郎設法帶妻子趕快離開以防客人追趕。[21]

▲圖 1-31　里約熱內盧[22]

[21] Mr. Peter Cassidy.

[22] mirta19.tripod.com.

美國人結婚周年紀念物每年有所不同，並有一定的規範。一般結婚紀念禮物是：第一年：鐘；第二年：瓷器；第三年：水晶飾品；第四年：電器；第五年：銀器；第六年：木器；第七年：文具；第八年：亞麻織品、網紗織品；第九年：皮革製品；第十年：鑽石首飾；第十一年：時髦首飾和提包、手套等；第十二年：珍珠或彩色寶石；第十三年：紡織品、裘皮製品；第十四年：金首飾；第十五年：手錶；第十六年：銀製凹型器皿；第十七年：家具；第十八年：陶器；第十九年：青銅藝術品；第二十年：白金製品；第二十五年：結婚二十五周年純銀紀念品；第三十年：寶石；第三十五年：玉石；第四十年：紅寶石；第四十五年：藍寶石；第五十年：結婚五十周年金製紀念品；第五十五年：綠寶石；第六十年：結婚六十周年寶石紀念品。

不過，在美國能享受銀婚紀念日的人並不多，這不僅由於年齡的關係，更由於美國的離婚率非常之高，幾乎每三對婚姻中就有一對以離婚告終。當然，有 80% 離過婚的人又都再結婚了。

七、美國境內其他婚禮

1. 白宮中的婚禮

白宮中的婚禮具有巨大的吸引力，有幸被邀請參加白宮婚禮（如圖 1-32）是每個美國人所渴望和欣羨的事。儘管白宮是一座政府官邸，但它同時也是美國的"第一家庭"總統一家的私人住宅。迄今爲止，白宮已舉行過好幾次婚禮。

曾於白宮舉行婚禮的有拉瑟福德·海斯總統的侄女埃米莉·普拉特、伍德羅·威爾遜總統的侄女艾麗絲·威爾遜等。此外，在白宮歷次的婚禮中，有兩次

▲圖 1-32　美國甘迺迪夫婦

頗為引人注目，一次是一九○六年西奧多‧羅斯福總統的女兒艾麗絲‧羅斯福的婚禮；另一次是六十年後林頓‧約翰遜總統的女兒露西‧約翰遜的婚禮。

2. 夏威夷人的婚禮

夏威夷州風光旖旎，它是由海底山巒的頂巔組成的島嶼群，一座座島嶼點綴在浩瀚的大海中。這裏的女孩和男子都是划船游泳的好手，他們的婚禮也很自然地帶有濃厚的地方色彩，散發著大海的氣息。當一對新人舉行婚禮時，人們便一起來到海邊，載歌載舞，歡慶一番（如圖 1-33）。然後由男方挑出幾名健壯的小伙子抬起新娘，女方選出幾位標緻的女孩抬起新郎，把他們拋向蔚藍色的大海。於是新郎和新娘便一起揮臂斬浪，游向事先準備好的一只小船。他們爬上船去，向岸上的親友們躬身致謝和道別，婚禮在依依惜別中結束，小舟載著新婚夫婦在碧波中駛向度蜜月的地方。

▲圖 1-33　現代化的夏威夷婚禮㉓

3. 印第安人的婚俗

最早的香煙是由美洲印第安人發明的。不過那時的香煙不是供人吸，而是印第安人供奉天神的祭品。在印第安人的婚禮上，印第安新娘（如圖 1-34）要用手拿著一把香煙，表示對神的虔誠。婚禮結束後，要把香煙丟棄，以示從此再不結交男朋友。印第安人還把香煙視為懷孕的象徵，當一個女性懷孕後，她就把香煙擺在醒目的地方。

至於加拿大印第安人的婚禮帶有濃厚的民族色彩。婚禮地點多選擇在印第安人聚居區公共建築物裡舉行，一般是一幢較大的木頭房屋。舉行婚禮時，親朋好友、左鄰右舍、村中居民紛紛來到木房裡，眾人席地而坐，互致問候。男女老幼身穿民族服裝，款式新穎，色澤艷麗。雖然印第安人性情開朗，但婚禮場合卻顯得非

▲圖 1-34　印第安新娘

常安靜，即使說話也是輕言細語。婚禮的主持人是酋長和兩位長老，當他們來到現場時，全場的人向他們致禮表示敬意。新郎新娘身著白色的鹿皮傳統服裝，跪坐在酋長對面。成年男子圍坐在酋長、長老、新郎新娘周圍，婦女和兒童圍坐在男人的外圍，每人面前放著刀叉和盤碗。

根據印第安人傳統習慣，新郎婚前要設法獵獲一頭麋鹿，用鹿肉加野米熬成湯，婚禮上分給大家喝，吃玉米餅時，還應吃烤野牛肉，但今天的野牛成為保護動物，所以許多人婚禮上的烤野牛肉便用美國的"肯德基炸雞"代替了。這樣，印第安人的婚禮既保持著民族的傳統習慣，又受到西方文化的影響。喜宴結束，酋長和長老離去，人們來到一塊空地上，隨著歡樂的鼓聲，通宵達旦跳傳統的印第安太陽舞。

4. 別出心裁的個性婚禮

美國的傳統婚禮十分莊嚴隆重，然而婚禮上嚴重的鋪張浪費又常常使人倍感負擔沉重。在美國，每對新人結婚，從購置結婚用品、刻印請帖、租借擺滿鮮花的房屋、請職業攝影師和樂師、租借禮服，直到舉辦豐盛的宴會、購置碩大的蛋糕等等，要花上大量的金錢。據統計，父母為女兒結婚所花的錢要比為她受教育花費的總和還多。美國不少青年人對此十分反感。為了反對這種過度的奢華浪費，有些人毅然選擇自己喜歡的獨特儀式，有的來到公園裏、森林中、海灘邊、山頂上，盡情享受大自然之美（如圖 1-35）。在那裏，他們自己譜寫婚禮樂曲，朗誦自己所喜愛的詩句，互訴衷情，甚至有些喜歡標新立異的美國青年，有的爬到高山上赤著腳舉行婚禮，有的舉行馬拉松賽跑婚禮，還有的帶著氧氣瓶潛到大海裏舉行婚禮，真是無奇不有。

▲圖 1-35　享受大自然之美的個性婚禮。
㉔

㉔ reprinted from: dave pics.com by D. Modison's Marginal.

第三節 西方其他國家民族的婚俗

　　當今學術界還難以確定人類歷史上究竟出現過多少個民族,但是一般認爲地球上所存在的民族大約有兩千多個。生活於不同地域中的各個民族,創造了豐富多彩的民族文化,也形成了絢麗多彩的民風民俗,此中特別值得注意的,便是各民族中的婚姻禮俗。形形色色的婚俗行爲,展現了人類世界的綺麗多彩,也展現了人間生活的無窮趣味與百種風情。茲例舉如下:

一、古老的希臘斯巴達城

　　在古老的希臘斯巴達城,按照當地的傳統,男青年進入婚齡後,必須要到寒冬臘月的季節才能向希臘女孩求愛(如圖 1-36)。到時他要把衣服全部脫掉,在寒風凜冽的街頭忍凍幾個小時,口中還要高唱情歌。印度尼西亞的多拉查族年輕男子看中某個女孩後,便牽著一頭水牛朝心儀女孩家送去。牧師會爲他們舉行一個儀式,儀式上牧師先向男方問道:「是誰送的牛?」男方回答後,又問女方道:「你接受了?」女方答覆願意接受,這樣,婚事就算說定了。

1. 近代希臘

　　通常是新郎的教父,擔任婚禮上的嘉賓,現在嘉賓常常由伴郎擔任,其職責是協助新郎新娘戴上花冠(花冠有白色和金色的,花冠由四季開放的鮮花,或由用金色或銀色的紙包起來,以象徵愛情的樹枝和藤編織而成)。戴上花冠後,新人們圍著聖壇繞三圈。出席婚禮的人則朗讀《聖經》,手持蠟燭,並在婚禮後將花冠放置在一個特殊的盒子裡。爲了確保婚後生活的甜蜜,希臘新娘在結婚那一天,可在手套裡塞一塊糖。

▲圖 1-36　希臘女郎[25]

㉕ 地理百科專輯 1 (1988),世界民俗節慶 & 服飾,點集合企劃。文強堂出版。

▲圖1-37　敘利亞新娘㉖

▲圖1-38　尼泊爾新娘㉗

㉖ community.webshot.com by Sara and Jacob.

㉗ nepaltrailblazer.com.riail Blazer Travels & Tourls (P.) LTD.

二、敘利亞大馬士革人

　　他們的婚禮（如圖1-37）中常常會有許多表達愛意的有趣方式。例如：敘利亞大馬士革人在舉行婚禮時，新郎要先行一個"舌尖送糖"的儀式，即在盛放糖果的籃子裏拿出一顆糖，放入自己嘴中，然後用舌尖將糖送到新娘的舌尖上，表示從此以後夫妻生活甜蜜幸福。就像德國人經常會在婚禮上進行一種叫做"普特阿班"的活動，應邀參加婚禮的親友們事先準備好一些粗碟子粗碗，帶到新婚夫婦家後，便在他們的客廳中大砸特砸，而新婚夫婦聽到有人砸瓷器時，也跟著他們砸碎自己的瓷器以作響應。這是因為當地人認為，只有砸過瓷器，新婚夫婦的戀情才能天長地久，如火如荼。

三、尼泊爾古蘭其民族

　　結婚之日（如圖1-38）新人必須穿戴整齊，精心裝束，這是一般人都懂的常理，但是在尼泊爾古蘭其民族中，新郎、新娘結婚時卻要捲起褲腿，脫去鞋襪，讓長輩與賓客輪番為他們洗腳。為其洗腳的任務首先是由新娘的父親來承擔。他先走到新娘的面前，為其脫鞋洗腳，然後再走到新郎的面前，為其脫鞋洗腳。老人做完此項活動以後，再輪到前來參加婚禮的親朋好友們逐一為新郎新娘洗腳。這一習俗的本意是表示人們希望新人除污去穢，平安長壽，具有鮮明的新婚祝福意蘊。

四、土耳其人

　　土耳其人在舉行婚禮時（如圖1-39），有「洗新娘澡」的習俗，婚禮的前一天，新娘便要邀請一些女友、女眷一起去澡堂洗澡，新郎的母親也必須一同參加這次活動。洗澡時新娘脫光衣服，由人領著在澡堂

裏轉上一圈，一邊親吻長輩的手，而新郎的母親則向
新娘頭上撒錢，或者贈送吉祥禮物，在「洗新娘澡」的
前一天，男方要給女方送去洗澡時穿的服裝、肥皂、
香料等物，有的還要給女家送烤羊肉等佳餚。土耳其
人在結婚時舉行的另一項祝福儀式是「染指」，這個
儀式一般都在晚上進行。屆時由新郎的嫂子或媒婆把
新娘的左手或雙手的手心染成紅色。據說顏色染得好
壞，會預示婚後生活是否美滿。

五、尼泊爾婆羅門人

考察尼泊爾新娘（如圖 1-40）的辦法主要偏重在
家務、理財、做針線活等方面。例如：尼泊爾婆羅門
人在結婚儀式上要讓婆婆當主考官，在門口放上幾堆
大米、綠豆、大豆之類的糧食，其中一堆裏埋放幾枚
銀幣，再用篩子將糧堆蓋上，如果新娘能夠迅速從糧
堆中找出銀幣，婆婆便會展開笑顏，認為自己娶了一
位聰明伶俐的好媳婦，否則，新娘則會受到婆婆的冷
落。

六、烏茲別克人

烏茲別克族男女聯姻要經過訂婚、送聘禮和完婚
三個階段。前兩個階段，與其他民族比較，並無特別
之處。而具有民族特色的習俗則體現在完婚階段。烏
茲別克人結婚典禮習慣於在女方家晚上舉行。良宵之
夜，燈火通明，女方家必須以抓飯招待客人。

烏茲別克人考驗新娘（如圖 1-41）的辦法是讓她
做烙餅與繡花。做烙餅之前，先讓新娘快速將爐火點
燃，然後再快速和麵與烙餅。烙出的餅必須香脆可口
才算考試合格。繡花的時間也是限定的，其具體做法

㉘ turkishodyssey.com.1997 Serif Yenen

㉙ nepalnews.com

㉚ tsnew.cn

▲圖 1-39　土耳其新娘㉘

▲圖 1-40　戴純金鼻飾的新娘。㉙

▲圖 1-41　烏茲別克人考驗新
娘。㉚

▲圖 1-42　埃及的傳統婚禮服式。③

30

是在一頂帽子或一個荷包上繡上一朵小花，然後送給自己的丈夫。

七、埃及的傳統婚禮習俗

　　埃及的傳統婚禮習俗獨特別緻（如圖 1-42），民間迄今流傳著這樣一種做法，即爲婚前男女雙方不得見面，直到婚禮儀式上才能目睹對方的容顏。男女青年達到婚配年齡，經過媒人穿針引線，男方的母親或姐妹便去查看該位女孩，回來後詳細向男子介紹該位女孩的情況，女孩的容貌自然是描述的重點內容。男子若感到滿意，女孩家亦表示同意，雙方家長便選擇一個日子舉行訂婚儀式。訂婚之後，男女雙方家庭要經過一兩年甚至三、四年的籌備工作，才能舉行正式結婚的儀式。從訂婚到舉行婚禮這段時間裏，男方家逢年過節須給女方家送一些禮物，由於未婚夫不能面見未婚妻，禮物由男方家女眷送去。

　　舉行婚禮的那一天，新郎家的女眷們成群結隊地來到新娘家接親。她們先陪新娘沐浴，然後幫助新娘穿上男方家送來的艷麗華貴的新婚禮服。新婚禮服爲白紗連衣裙，下襬很長，行走時需要六至八名兒童幫助托著長裙。穿好新婚禮服，女眷們再幫助新娘梳頭化妝，頭髮被梳成數十根細長的髮辮，並且戴上各式各樣的髮飾以及項鍊、耳環、手鐲等。穿戴完畢，新娘在家人陪同下向村長及村中長輩們告別。也就是在這個時候，數輛裝飾得五顏六色的馬車來到新娘家，這是由新郎的母親帶領的迎親車隊。新娘的嫁妝也隨著迎親的隊伍帶去，除家具外，幾個全新的木箱格外引人注目，裏面裝盛著一百件袍裙。爲了準備這一百件袍裙，新娘的母親一般都要耗去十多年的時間來完成。

③ Scientists on field trip to Egypt (Georgia Institute of Technology).

傍晚時分，男方家擺設盛大的婚宴招待各位來賓。宴會結束後，新郎新娘手挽手，在眾人陪同下，隨著樂隊，到清真寺舉行宗教儀式。宗教儀式結束後，新郎新娘回到家中的新房裏，在眾目睽睽之下，新郎輕輕揭去新娘頭上的面紗。此時此刻，新娘第一次看見新郎的模樣，新郎也是第一次看清新娘的「盧山真面目」。這時有人遞上一杯清澈甘甜的水，新郎接過飲下一半，新娘再接過去一飲而盡，表示倆人婚後恩恩愛愛，永不分離。

婚禮的最後一道儀式是圓房，即女方父母將他們置辦的傢具搬進新房裏，使新房內的傢具整齊配套。此時此刻，新娘再度披上婚紗，雙方家長將新房及家具的鑰匙交給一對新人。圓房後的一週之內，天天有親朋好友登門祝賀，饋贈禮物。

1. 古埃及人

世界上許多民族都有在婚禮上新郎為新娘戴戒指的儀式，這種習俗最早起源於埃及新娘。在古埃及人（如圖 1-43）的心目中，戒指是一個「神秘魔圈」，它能夠產生魔力，將結婚之人的心牢牢圈住。

▲圖 1-43 古埃及人[32]

2. 近代埃及人

在埃及，由新郎的家人，而不是新郎本人，向新娘求婚。許多婚姻還是父母之命，媒妁之言。"Zaffa"，也就是婚禮，其實是一個充滿音樂的列隊游行，有鼓、風笛、號角及肚皮舞，男人們手持火紅的劍。這個儀式宣告，婚姻即將開始。

▲圖 1-44 芬蘭婚禮[33]

八、芬蘭

新娘頭戴金色的花冠（如圖 1-44）。婚禮後，未婚婦女圍著被蒙住眼睛的新娘跳舞，等著新娘將她頭上的花冠戴到某個人的頭上。被新娘戴上花冠的人被

[32] asc.upenn.edu/usr/rgross/goddess.htm

[33] 208.41.57.158/faceplant/pictures/people/wedding

▲圖 1-45　墨西哥新婚夫妻㉞

▲圖 1-46　荷蘭新娘㉟

▲圖 1-47　匈牙利新娘和新郎㊱

認爲是下一個要結婚的人。新娘和新郎坐在婚宴的貴賓席上，新娘手持一個篩子，篩子上蓋有一塊絲綢披巾。當來賓們將錢塞進篩子時，一個伴郎會向在場的來賓宣布放錢的來賓姓名以及禮金的數額。

九、墨西哥

在婚禮上，新婚夫婦的肩膀和手被一串很大的念珠 "套索" 所纏繞，表示雙方的結合和對婚姻的保護。在許多墨西哥人的婚禮上（如圖 1-45），在第一支舞曲前，來賓們圍繞著新婚夫婦站成一個心形的圈。

十、荷蘭

荷蘭家庭過去常在婚禮（如圖 1-46）之前舉行一個宴會。新娘和新郎坐在芳香四溢的常青樹華蓋之下的寶座上，來賓們一個個依次向他們祝福。傳統的荷蘭婚禮包括大吃一頓，人們要吃一道被稱作「新娘糖」的甜肉，喝一種被稱作「新娘淚」的香料酒。

十一、匈牙利

新郎新娘（如圖 1-47）交換訂婚時戴的戒指。新郎還向新娘贈送一袋硬幣，新娘則贈送新郎三條或七條手絹（三和七被認爲是吉利數字）。婚宴上，客人們圍著新娘載歌載舞，並送給新娘一些小錢以換得新娘的一個香吻。

十二、丹麥

世界上許多國家的人們習慣於給他們的戀人戒指或一束花，作爲訂婚禮物。但在丹麥（如圖 1-48）的

㉞ www.studentsoftheworld.info, by Annie & Georges
㉟ 地理百科專輯 1 (1988)，世界民俗節慶 & 服飾，點集合企劃。文強堂出版。
㊱ samesa.net

一些地方，人們認為送給未婚妻刻滿情詩、木製的棒槌是吉利的，因為棒槌能帶來好運和美滿。讓我們感到奇怪的是，他們籌辦婚禮會持續好幾天，但卻是秘密進行的，因為公開籌辦會觸怒鬼怪或引起他們的嫉妒。在婚慶快要結束的時候，人們把一大罈啤酒抬到園子裡。新郎新娘的手握在酒罈上方，然後酒罈被打得粉碎。在場的適婚女子會把碎片撿起來，撿到最大的碎片的女子注定會第一個結婚，而撿到最小的注定會終生不嫁。

▲圖1-48　丹麥婚禮㊲

㊲ 地理百科專輯 1 (1988)，世界民俗節慶 & 服飾，點集合企劃。文強堂出版。

本章習題

1. 您知道何為面紗的歷史嗎？

2. 您知道西方婚禮的公式包涵哪些內容嗎？

3. 您知道結婚「度蜜月」的由來嗎？

第二章　西洋婚紗禮服的演變

▲圖 2-1　英國皇室婚禮①

▲圖 2-2　於十五世紀婚紗禮服。②

　　由於婚禮是人生三大事件之一，也是人們在角色人物扮演上發生變化的開端，由此可知對不論新娘或是新郎來說，婚禮的舉行都是生命之中至為重要的大事，尤其對新娘而言更是重要了。縱觀歷史，女士們總是在自己的婚禮裏挖空心思的想讓自身的婚紗禮服與眾不同和別出心裁，造成婚禮盛會中的新娘美麗動人，至少要能豔光四射。

　　在過去的社會階層中，皇室裏公主的婚禮盛會（如圖 2-1），總會傾盡全力的讓婚禮盛會顯現非常皇室公主的樣子，尤其中世紀時期的歐美國家皇室婚禮是被視為國家大事，也是聯繫兩個聯姻國家之間的重大事實。因此婚嫁中的新婚公主所附帶的豐厚嫁妝是舉行婚禮盛會前的一段長時間的討論結果，新婚公主的婚紗禮服（如圖 2-2 ～圖 2-5）越是華美奢靡，盛載珠飾寶石者，越能展示出新婚公主之母國對聯姻國家的熱誠和富裕與共的態度表現。

① meaus.com photo R-Press, Den Haag©2002 West-Art.

② The MARTE BALL DRESS AND AGNES WEDDING DRESS©2002-2004 THE Ladies Treasury.

③ rossetti.vispa.com

▲圖 2-3 、圖 2-4　皆為十六世紀的新娘禮服。圖 2-3 為馬甲式上衣及連身裙，搭配喇叭袖型連接前開叉式裙型設計；圖 2-4 則為馬甲式上衣及襯裙式蓬裙，再飾以蕾絲袖口飾布。③

▲圖 2-5　於十七世紀 Catherine 公主嫁給英國 Charles II 時所穿的婚紗禮服。

第一節 十八世紀時期

在十八世紀時代裏，婚紗禮服布料主要是由手工紡織、手染，禮服裝飾有褶飾；裙子蓬鬆寬裕；衣袖垂落連長至地面，同時裙襬落垂在身後數級階梯之外。再者，婚紗禮服上會縫綴著珍貴的珠寶，例如：鑽石、紅寶石、藍寶石、綠寶石與珍珠——如此一來新娘將會在陽光照射下閃閃發光、豔光照人。至於皇室婚禮基於展示皇室新婚公主之母國的友好態度為原由，會傾囊製作新婚公主的婚紗禮服，像是絲絨、絲綢織錦及緞布、珍貴毛皮或織有純金絲線、銀線的布料等。並值得一提的是「白色」並非一開始就是新娘結婚禮服的顏色。十九世紀之前，女性在結婚的時候只是穿上自己最好的衣服，什麼顏色都行（如圖 2-6～圖 2-11）。

直到一八四○年，英國維多利亞女王舉行婚禮時穿著純潔的白色緞面禮服（如圖 2-12），而這套禮服立刻引起極大的轟動，造成其他新婚夫婦的紛紛效做，從此人們更加關注皇家新娘的一舉一動。至此新娘全身連頭飾配件都是一片雪白，這是始於維多利亞女皇時代，當時白色代表快樂，而後來則加強了聖潔和忠貞的意義，致使再婚的女士不可以穿純白婚紗，更形成了純白婚紗一枝獨秀的崇高地位。此外維多利亞女王亦是第一位在婚禮時有女儐相協助拉扶裙襬的皇室新娘，造成此一方式的流傳。

▲圖 2-6 於十八世紀末婚紗禮服，當時部分的迷信者認為婚紗禮服若為單一粉紅色並不吉利。④

▲圖 2-7 於十八世紀末的黃棕或米黃色婚紗，當時傳言穿此種色系者會變成老土鄉下人。⑤

④ demode.tweedlebop.com
⑤ demode.tweedlebop.com

▲圖2-8 於十九世紀初白色的婚紗禮服是當時常見的婚紗禮服選擇。⑥

▲圖2-9 於十九世紀初灰色斜紋婚紗禮服在當時被認為是適宜的。

▲圖2-10 於十八世紀時,婚紗禮服常見由紅色絲絨製成,低胸領口並具有骨架設計,搭配白蕾絲紗裙,手持禮花。⑦

▲圖2-11 於十八世紀期間盛行粉紅與黃棕色為主的婚紗禮服,常搭配蕾絲荷葉邊袖,具骨架及鑲邊設計。⑧

▲圖2-12 於一八四〇年由英國維多利亞女王舉行婚禮時所穿的純白色婚紗禮服,此後為後世婚紗禮服立下了約定成俗的禮服典範。⑨

⑥ 柯夢波丹國際中文版,OCTOBER (2004). NO.165.

⑦ rossetti.vispa.com 2005 Theresa Blake.

⑧ rossetti.vispa.com

⑨ I DO...100 YEARS OF WEDDING FASHIOW, Distributed by Thames and Hudson Ltd.

第二節　十九世紀時期

如同現代我們知道的所謂「傳統婚紗禮服」，最早出現於十八世紀末期。「她」是從印度國家所生產，由機械紡織而成的棉布，以古典流傳的款式構成。自一八〇〇年代開始白色婚紗禮服搭配面紗，才成爲人人的選擇歸向。這樣的潮流是從英國倫敦流行而起，再轉往其他的城市和國家（如圖 2-13 ～圖 2-15）。

十九世紀時期，可將之分爲新古典主義風格（Neoclassicism style）、前維多利亞風格（Pre Victorian style）和維多利亞風格（Victorian style）三個階段。

歐洲女性服飾所表現的「新古典主義風格」，是由西元一七九〇年代一直延伸至十九世紀的一八一〇年代。在這三個年代裏，雖然在一般女裝的款式上有小幅度的差異，但是基本輪廓線方面皆以瘦長的長方形爲概念，其中又以一八〇〇年代最具代表。

至於「前維多利亞風格」是指介於「新古典主義風格」與「維多利亞風格」之間的過渡時期（一八二〇年代至一八三〇年代）。此階段女性服飾由簡潔淡雅轉爲奢華矯飾，另外由於此時期服飾出現了落肩和誇張的羊腿袖，而高腰線款式則回歸到自然腰線位置，以強調小腰身的造型爲主，故輪廓線由較瘦的長方形轉爲誇張的「8」字型（如圖 2-16）。

▲圖 2-13　流行於一八〇〇至一八二〇年的婚紗款式設計。[10]

▲圖 2-14　於一八三〇年時期的婚紗禮服穿著者為 Mary Graves Montague。

42

▲圖2-15 於一八三七至一九〇一年無論婚紗禮服或一般女裝皆為潔白色系。

▲圖2-16 為一八四〇年結婚禮服的款式設計。

▲圖2-17 於一八四〇年的婚紗。⑪

▲圖2-18 於一八五〇年自維多利亞女王舉行婚禮後,純白色婚紗成為約定成俗的普遍趨勢(兩種裙式)。⑫

▲圖2-19 於一八六〇年廣為流行的白色婚紗禮服(階層裙式)。

▲圖2-20 於一八五七年的純白色婚紗禮服。⑬

⑪ reprinted from: bridallexington.com by Cincinnati Art Museum.

⑫ reprinted from: Victorian Wedding : Antique prints, VICTORIAN. COM.

⑬ Victoriana.com ictoriana.com Internet Content.

⑭ History of the Wedding Dress. mht.

⑮ reprinted from：History of the Wedding Dress.mht.

⑯ The Illustrated London News Picture Library.

▲圖2-21　為一八八○年時期的婚紗禮服。[14]

▲圖2-22　為一八九○年透過「S」形束腰造成前凸後翹的「S型」婚紗款式。

▲圖2-23　攝於一八八九年的結婚照片。[15]

　　接著到了「維多利亞風格」時期（如圖2-17～圖2-20），從一八四○年代至一八九○年的六個年代裡，女性服飾款式的變化相較之前的時代，則變化更為快速。此時女性積極的運用「束腹」、「裙撐架」、「臀墊」等穿著來營造出符合社會時尚所建立的標準輪廓美。例如：一八五○年代透過穿著「裙撐架」而形成半圓形的輪廓；一八六○年代後期由於開始盛行穿著「臀墊」而形成臀部突出的輪廓；一八七○年代至八○年代中期由於「裙撐架」的消逝，加上衣服款式強調緊身而形成「長形啞鈴造型」的輪廓（如圖2-21）；一八九○年代透過「S」形束腹的穿著形成前凸後翹的「S型」輪廓（如圖2-22、圖2-23）。

　　新娘婚紗禮服從十八世紀來到了十九世紀時，新娘禮服仍流行著純白色（如圖2-24），所不同的是她們傾向於希望能有機會再次穿用該禮服以避免浪費。

▲圖2-24　於一八六○年的維多利亞宮庭式婚紗禮服，襯裙內置鯨骨裙架，絲絨製裙擺托曳與貼縫裝飾，為典型十九世紀中期款式。[16]

▲圖2-25　攝於一八八○年的結婚照片。[17]

於是當家庭成員裏有新娘欲舉行婚禮時，可以將家傳的婚紗禮服（如圖2-25）進行更新修改，並在眾親朋好友的圍觀下舉辦慶宴。至於更上層的社會階級成員則考慮將已穿過的新娘禮服予以拆解開來，並進行改變或裝飾等，形成不同款式的新晚宴服，在不同時間穿著。英國維多利亞女王便是在自己第五十週年結婚紀念日慶典上，穿著經過精心修改後當年的新娘禮服出席參加慶典。

第三節　二十世紀時期

此外，該時期男士禮服在輪廓線上所凸顯「向上拉長」的造型，也正好呼應當時社會所建立的「男剛女柔」特色，至十九世紀末葉，婚紗的質地漸趨輕柔，雙縐紗與塔夫塔綢最受新娘們的青睞（如圖 2-26 ～圖 2-28）。

一、一九○○年代

二十世紀初期，婚紗開始變短，同時還兼具舞裙的功能，能讓新娘在婚禮的舞會上獨具風采。此時女性在女裝表現上延續一八九○年代 Art Nouveau 設計美學的精神，在服裝體態上仍以穿著「馬甲式束腹」，塑造出一種強調 "S" 型的人體輪廓線條美（如圖 2-29）。換而言之，就是以人工外力的方式，造成「豐滿乳房、纖細腰身、圓翹臀部」的完美輪廓，以合乎當時體態美的標準（如圖 2-29 ～圖 2-33）。

▲圖2-26　為一八八四年新娘於婚紗之內穿著臀墊。

⑰ historicparks.org, by Frank & Ruiz Oxarart's Wedding Portrait.

⑱ 文化學園服飾博物館（1985），館藏－世界晴著展，學校法人，文化學園。

⑲ 芙蓉坊雜誌, 1992 JAN. FEB, VOL.12 (1.2).

▲圖 2-27　於一八九〇年帶有異國風貌的婚紗禮服。

▲圖 2-28　為一八九五年婚紗禮服由緞帶與蕾絲為整件禮服的主要裝飾，面紗如披風般自頭頂披掛於全身。[18]

▲圖 2-29　攝於一九〇〇年「S 型或沙漏型」輪廓線的婚紗禮服。[19]

▲圖 2-30　攝於一九〇五年的白紗禮服款式。[20]

▲圖 2-31　攝於一九〇七年時期的女裝服飾。[21]

▲圖 2-32　攝於一九〇八年時期的女裝服飾。[22]

[20] Matilda & Karl Pfeiffer Museum & Study Center.

[21] abraley.home.att.net, by Sara Evelina Emmons.

[22] sumtercountymusewm.org

▲圖2-33 設計於一九〇〇年代的皇室新婚白紗禮服。㉓

▲圖2-34 攝於一九一〇年。㉔

▲圖2-35 攝於一九一〇年的新婚結婚照。㉕

▲圖2-36 於一九一二年的婚紗禮服款式。

▲圖2-37 一九一七年的婚紗禮服和頭飾面紗。

▲圖2-38 一九一八年約第一次世界大戰結束時候，女士們自己製作或請女裝師傅代為訂製的婚紗禮服。

㉓ The Illustrated London News Picture Library.

㉔ historicparks.org

㉕ athie Harrison for the Denton Community Historical Society of Nebraska.

㉖ 文化學園服飾博物館（1985），館藏－世界晴著展，學校法人，文化學園。

二、一九一○年代

　　西元一九一四年至一九一八年的第一次世界大戰，
其中有一項對人類社會文化帶來相當重要的變革，就
是改變了傳統以來對女性角色地位不合理的看待。由
於女性在戰爭時期，紛紛從室內走到戶外，開始從事
社會服務的工作，為了方便於活動，女性不再穿著壓
迫身體的束腹，而「S」型的體態美也在這種情況下遭
到淘汰（如圖 2-34 ～圖 2-39）。

▲圖 2-39　攝於一九二○年時期的婚禮頭紗設計。㉘

▲圖2-40　攝於一九二三年，反應了經典的二○年代婚紗禮服風格，多層次絲質面紗披垂過肩而下，手持橘花花束。㉗

48

▲圖2-41　攝於一九二○年的婚紗禮服，結婚照片。㉘

▲圖2-42　攝於一九二○年代期間的婚紗禮服。㉙

三、一九二○年代

　　直到一九二○年代，結婚禮服的款式型態漸漸蛻變成模仿當時女裝所流行的款式（如圖 2-40～圖 2-41），由於婚紗是每一位待嫁新娘的夢想，爲確保自己與她人的與眾不同而別出心裁，所以更要精心設計與製作。當然禮服自然會較時下勇於大膽嘗試的流行風尚要爲更加謹慎。由於二十世紀二○年代女性的生活發生了革命性變化，年輕人對一切都提出質疑，衣服的布料用得愈來愈少，大膽的新娘拋棄了不舒適的傳統服裝形制，而選擇了符合二十世紀二○年代精神的服裝，而不是維多利亞時代刻板的緊身式服裝（如圖 2-42～圖 2-43）。

　　當代由於受到來自現代主義的藝術與設計的影響，以及第一次世界大戰後社會變革的潛移默化，加上女性意識的抬頭，女性在服裝款式上開始追求「俐落、直線、簡潔」的審美概念，也造成輪廓線轉爲「不強調曲線變化與非纖細腰身和不強調拘束線條」的瘦長輪廓線爲主流(如圖 2-44)。

　　在二○年代的十年裏，女裝有了革命性的轉變，此時的裙長由鞋子位置上升至膝部以上的地方，影響一些新娘敢於穿著秀出膝部的婚紗禮服，不但如此全套式整體搭配的婚紗禮服亦在此時期首先登場，形成以後的風氣（如圖 2-45～圖 2-47）。在當時大部分西方國家的民眾舉行結婚典禮，必須到教堂接受神父或牧師的祈禱與祝福，這樣才能算正式的合法婚姻以致流傳至今，然而在教堂內穿著膝上型的婚紗禮服對許多新娘而言會感到不妥，因此傾向穿著全長的婚紗禮服爲主流。

㉗ Kentuckyexplorer.com

㉘ cgrr.com/ga//ery 1.Gtm, by Anton Besplug and Mariann Herle Wedding Portrait

㉙ rollerskatingmuseum.com

▲圖2-43　攝於一九二六年的婚紗禮服。[31]

▲圖2-44　第一次世界大戰後，社會變革的影響，再加上女性意識的抬頭，女性在服飾上開始追求「俐落、直線、簡潔」的審美概念。[31]

▲圖2-45　於一九二〇年的婚紗禮服，主要為純白色。[32]

▲圖2-46　攝於二〇年代的純白禮服和花冠式頭紗。[33]

▲圖2-47　攝於二〇年代的純白禮服和帽飾頭紗，飾有花葉，手持大束玫瑰花，頸戴一排珍珠。[34]

[30] ROM-NEAC Projects 20th Century Couture in Toronto.

[31] borchert-com

[32] www.sumtercounty.org by Sumter Country Museum

[33] historicparks.org

[34] Vintage Fashion.

▲圖2-48　純白禮服和鐘型無邊女帽頭紗是典型的二〇年代流行款式。㉟

50

▲圖2-49　攝於一九二〇年典型鐘型女帽頭紗。㊱

自一九二〇年代穿著潔白婚紗禮服的新娘與穿著正式套裝的新郎成為規範的習俗。男士穿著全套深藍色正式套裝或正式軍階制服；新娘則穿著隆重純白色長禮服並戴面紗（如圖2-48～圖2-51）。此後電影主角與時尚雜誌開始影響民眾的著裝，尤其影片中主角的穿著和明星私人的婚紗禮服都會對大眾形成影響力。此時期亦有些大型服飾店開始販賣成衣式婚紗禮服，有些則是銷售婚紗禮服布料與版型給即將結婚的新娘，再由新娘的母親或裁縫師進行製作（如圖2-52～圖2-54）。當剛進入到一九〇〇年代之初，腰墊或裙撐、短的硬質襯裙穿戴於禮服裏面是極為流行與時尚的裝扮方式。在二十世紀時期的女裝上，依然常見有波型褶邊和層疊式裙飾設計，但從舊時照片中可以看出纖長與緊身式禮服才是廣受大眾所流行的裝扮。

四、一九三〇年代

在經歷了喧嘩熱鬧的二〇年代，迎接而來的是經濟蕭條的三〇年代。此時期流行時尚又有了不同的特色表現，纖細明確的腰部設計重回流行舞臺，主要以呈現女性自然腰線為主，從而取代男性化風貌（如圖2-55）。值得一提的是三〇年代的十年間盛行使用斜裁布料製作婚紗禮服，造成禮服能緊裹著曲線畢露的女性身體（如圖2-56）。

㉟ tudorlinks.com he Ladies Treasury 2004.

㊱ carr.com, by Frank Bespflug and Tecla Hephner Wedding.

㊲ freepages.genealogy.rootsweb.com, by Rose Daugirda.

㊳ Sjvis.org , by Tulare Public Library.

㊴ STYLE (1996), SPRING, LONDON. PARIS. NEW YORK. SYDNEY, STYLE PATTERN.

㊵ diceyhome.free-online.co.uk.

㊶ diceyhome.free-online.co.uk.

㊷ MODERN FASHION IN DETAIL CLAIRE WILCOX & VALERIE. MENOES,VICTORIA & ALBERT MUSEUM.

▲圖2-50　攝於一九二〇年典型鐘型女帽頭紗。[37]

▲圖2-51　為典型薄絹面紗。[38]

▲圖2-52　於二〇世紀廣受大眾所購買的婚紗禮服版型資料。[39]

▲圖2-53　於二〇世紀的婚紗版型資料，緊身式禮服廣受一般新娘的歡迎。[40]

▲圖2-54　於二〇世紀的婚紗禮服版型，當時自購式版型婚紗廣受大眾流行。[41]

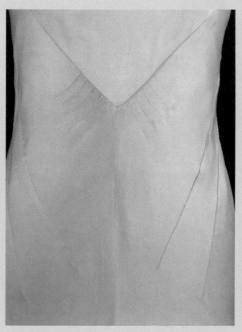

▲圖2-55　設計者CHARLES JAMES 收藏於 Brooklyn Museum, New York。[42]

▲圖2-56　此款為一九三〇年設計款。

▲圖2-57　攝於一九三三年流行的婚紗。㊸

▲圖2-58　自一九三○年代起，女性禮服時尚廣受美國好萊塢電影工業的影響，輪廓以成熟、撫媚、性感取代俐落、直線、簡潔的形象。㊹

對大多數三○年代的新娘而言，修長、光滑的外觀深受大眾所喜愛，還有自在纖細的外型輪廓線條，強調採用斜裁方式製成，並搭配垂墜布料的設計感，形成時下的流行款式（圖 2-57）。直到現在許多現代設計師們依然會模仿或運用，當年設計師 Madeleine Vionnet 所創造出的斜裁布料剪接方法。她提出的剪裁技術，施予布料具有迷人的伸展特色與獨特的彈性。縐綢質料由於具備絲綢般質地，是造成此類服飾擁有華麗的垂墜風貌，亦為其魅力的所在。此時期的面紗多數採絲質絹網薄紗構成，鬆軟的披垂而下完美的配合了纖細婚紗禮服的整體造型。

受到美國好萊塢電影工業的影響（圖 2-58），女性輪廓美標準又產生了改變，而以「成熟、撫媚、性感」取代「俐落、直線、簡潔」的形象（如圖 2-59）。也因此，強調玲瓏有緻、表現曲線的「流線型」輪廓，就成為一九三○年代最完美的服飾形貌。此外，圖 2-60 為一九三七年的婚紗禮服設計稿，斜紋蕾絲袖型婚紗禮服，於禮服胸前柔和的抽有直向褶飾設計並採用彼得潘領型，在禮服後中心以排鈕作結束。再者，在該禮服前中心崁入可拆卸式禮服裙擺，同時於腰際置有可扣式腰帶，可拆卸式禮服裙擺允許新娘將婚紗禮服裙擺卸下，作為婚禮後宴客禮服之用。此一經濟型態的婚紗禮服設計，對三○年代而言是其重要的觀念（圖 2-61）。

㊸ www.maroochylibrahes.gld.gov.au

㊹ vulcannonibird.de by winona got her Star at the Holly-
wood Walk of Fame at the 6th October.

▲圖2-59　攝於一九三三年，在三十年代，新的款式開始流行，時髦的小帽子與婚紗搭配，顯得非常漂亮。⑮

▲圖2-60　一九三七年的婚紗禮服設計稿。

▲圖2-61　為三十年代重視經濟型態的婚紗禮服設計款式。⑯

▲圖2-63　攝於一九四○年初期（受軍服款式影響）。⑰

▲圖2-64　攝於一九四○年代的結婚照，婚紗禮服受軍服型態的影響，強調肩墊設計，袖子成了重點設計部分。此外金屬絲製皇冠和絲絹網製面紗，並手持蘭花和百合花束為當時的流行。⑱

五、一九四○年代

　　西元一九三九年至一九四五年第二次世界大戰期間，把女性從「纖柔的女人味」調整為「剛強的男子氣」，為了要凸顯這種陽剛堅毅的形象，戰時女性的上衣出現平肩與方肩款式，當然這種方正剛硬的體態輪廓，與戰前所講求的曲線美恰成對比。一九四○年代初期，婚紗禮服由於受到權威軍人服裝輪廓線的影響（如圖2-63、圖2-64），禮服是由發亮的尼龍絲綢，

⑮ I DO...100 YEAR OF WEDDING . FASHION, by CAROLINE COX, Distributed by Thames and Hundson Ltd.

⑯ mbi.ufl.edu.

⑰ Antique Dress.com.

⑱ ecs.soton.ac.uk

▲圖 2-65　攝於一九四○年初期，婚紗禮服由於受軍服輪廓線的影響，採寬闊的肩部設計和纖瘦的腰線。膨脹起來的袖型設計，在戰爭之後，尤其受到大眾歡迎。[48]

▲圖 2-66　為一九四○年代受 New Look 風潮影響下的結婚禮服，該服飾同時呈現出特別女性化風貌，時稱 "小女孩風貌" 在三○年代末期便非常受到大眾的流行與喜愛。[50]

採寬闊的肩部設計和纖瘦的腰部線條所構成。　自一九三八年起，許多使用布料光滑和無特定形式的斜裁式絲質布料製作婚紗禮服。甚至於利用具透明感的歐根紗質料造成膨脹起來的袖型禮服款式，在一九三九年戰爭之後尤其受到大眾歡迎（如圖 2-65）。二十世紀四○年代的戰時配給制度同樣影響到了結婚禮服，絲綢和尼龍是戰爭緊缺的用品，所以，許多新婚夫婦結婚時都是租借婚紗禮服，甚至乾脆穿上自己最好的服裝，而不管它是不是白色，只有極少數的新娘得以穿著華麗的白紗禮服舉行婚禮，而流行時尚幾乎停滯終止。除了親屬間借來好的女裝做為婚紗外，大部分的新娘則穿著制服舉行婚禮，至於不在此述內的也傾向於穿著成套式女裝並於胸部繫上裝飾美麗的花飾搭配具整體感的面紗。

　　在大戰之後，受到時尚界 "New look" 風潮的影響，女性又恢復追求柔順婉約的形體美（如圖 2-66）。

為了達到這種理想標準，女性重拾過去棄之已久的「束腹」。從強調「沙漏型」的腰身輪廓，到凸顯圓肩與斜肩的陰柔輪廓，這一切的轉變，我們看到透過服裝款式的穿著，表達出人們對戰後新世紀來臨的渴望（如圖 2-67）。

一九四七年，Christian Dior 的新潮流服裝在服裝界颳起一股旋風。這是經歷過艱苦的戰爭年代後，人們心理的反動。Dior 拋棄實用性和舒適感，設計出一種束腰似沙漏型的的新款式服裝，女人味十足。緊身胸衣再次回歸流行，帽子又時尚起來，裙擺離地約 30 釐米，這種樣式高貴華麗，展現出迷人風采。此外，尼龍材質的布料雖然很廉價，但看起來卻有著綢緞般的華麗，時裝設計師們大量使用此種布料，仿佛用這種方式來慶祝物資短缺年代的結束，並讓自己以及他人追隨好萊塢時尚的潮流。

㊾ garveysfromsonnagh. co. uk, by Jim Garvey.

㊿ ralden. com, Public Pictures.

(51) michaudfamilies.com, by Patricia L. Michaud.

◀ 圖 2-67　攝於一九四○年代的緞質婚紗禮服，採削肩設計與垂肩花邊寬領的白紗禮服款式。㊿

一九四〇年代，戰後新娘紛紛選擇高貴的婚紗禮
服風格，其禮服是採用戰後剩餘下來的乳白色系降落
傘布料製作而成的（如圖 2-68）。一些具有事業企圖
或冒險精神的業者，大膽銷售整套式且組合著降落傘
布料與可製作成六款服裝的指導手冊，當然婚紗禮服
也是其中的一種款式項目（如圖 2-69）。此十年間無
論歐洲或美洲的西方國家們漸進復甦回到正常的生活
情形，像是巴黎的高級女裝訂製時裝屋與美國的設計
師工作室的興盛（如圖 2-70），另外專業的婚禮顧問
公司也大爲發展（圖 2-71）。

▲圖2-70　於四〇年代極為盛行的婚紗
形態與髮飾造型。

▲圖2-68　刊於一九四九年的婚紗禮服。⑫

▲圖2-71　於四〇年代盛行的結禮服設
計，此外專業的婚禮顧問公司也會為新
婚的新人拍攝事業的沙龍照片以做為結
婚紀念。⑭

▲圖2-69　於四〇年代時期的女裝版型資料，
其中包括有婚紗禮服（純白色降落傘布料）。
⑬

⑫ Miscellaneous Lilly Family Photos, A KEVIN
　MATTHEWS PRODUCTION.
⑬ STYLE (1996) , SPRING, LONDON. PARIS. NEW
　YORK. SYDNEY, STYLE PATTERN LTD.
⑭ toomajian.com, by Sarkis and Emma Toomajian.

六、一九五○年代

　　一九五○年代的十個年頭裏，美國及其他的西方國家因受電視、戰後嬰兒潮現象與獨特的中產階級移居市中心外的近郊以至形成自成一格的社區文化特色。在這樣的時代環境與背景深刻的影響下，讓當時的婦女自第二次世界大戰後，創造了空前未有的購屋居家風氣，而結婚熱潮是為引導線，使婚紗禮服（如圖2-72）亦蓬勃發展。受到當時美國名人 G.I. Bill 鼓舞的影響，許多新婚夫婦願意搬離都市，選擇居住在負擔得起的近郊社區住宅定居，女性也以服侍先生與照顧孩童的家庭主婦為時尚的風氣，讓女性化特質發展達到巔峰，當然對婚紗禮服而言亦然。

　　在五○年代裡，除了皇室成員的婚禮安排外，影星名人等在婚紗禮服方面亦提供結婚新人們許多的啟發（如圖2-73、圖2-74），她們也是潮流的開創者，甚至包括當時美國的第一夫人 Jacqueline Kennedy（如圖2-75、圖2-76）以她無可挑剔的風格讓公眾為之傾倒。五○年代，new look 設計所使用的寬大蓬裙風格依然贏得大眾的喜愛（如圖2-77）。圓形柔順的肩部設計、非常纖瘦的腰線型態和具強調胸圍效果的造型，以及搭配著高腳杯高跟鞋，這樣的整體風貌正是延續戰後四○年代的 new look 風潮來到五○年代的經典 new look 婚紗的標準風貌，白紗禮服亦是如此。這種強調沙漏輪廓效果的 new look 造型也進而發展襯裙或裙撐式裙型，同時期金屬拉鍊亦移到穿著者的背部。

▲圖2-72　於一九五○年代因應結婚熱潮，婚紗禮服大為盛行。[55]

▲圖2-73　為五○年代的影星名人伊麗白泰勒，為當時大眾倣仿的偶像。

▲圖2-74　為五○年代由蕾絲緞製成的頭紗是當時典型造型。⑤

▲圖2-77　為一九五○年代採用 New Look 風格設計的婚紗禮服。⑤

▲圖2-75　攝於一九五○年代的美國，甘迺迪總統與其夫人賈桂琳。⑤

▲圖2-76　為甘迺迪總統夫人結婚時所穿著的白紗的白紗禮服。⑤

⑤ operagloves.com

⑤ Kera.org by kera Media Resources.

⑤ Popper foto Reuters by Jim Bourg.

⑤ vintagebridal.net.

⑥ 購自 London 跳蚤市場的明信卡片

⑥ NEW LOOK (1996), WINTER/HIVER, THE ENGLISH PATTERN COMPANY.

另外一九五一年好萊塢電影的成功，引發女性對片中服裝的渴望，例如：Elizabeth Taylor 這位好萊塢電影女星就是最佳的例證（如圖 2-78）。至於五〇年代因為年輕文化意識的抬頭，使得白紗禮服盛行「A字裙」輪廓線，正好符合這個年代的蓬勃精神（如圖 2-79）。其實 A 字裙輪廓不僅為年輕活潑形象做出最佳的註解，也為戰後新時代的來臨，提供一種喜悅以及希望的寄託。再者，由於設計師 Christian Dior 開創的 new look 設計作品廣受歡迎，讓巴黎高級訂製時裝屋的設計師們起而效尤，再次重新出發回到世界舞臺引領國際時裝潮流。

▲圖 2-78　為五〇年代好萊塢女星 Elizabeth Taylor，她的裝扮讓全球女性效尤。⑳

七、一九六〇年代

一九六〇年代初期，婚紗禮服注入些許不同的變化（如圖 2-80、圖 2-81），圓裙式設計依然是主流，時而改換襯裙，配搭窄細袖管與短面紗，其中真正不同的部分是面紗變為更加蓬鬆，髮型梳理定型為典型特色。

到了六〇年代中期受到「性解放」意識高漲的「英國 Mary Quant」服飾風潮盛行的影響，也造成婚紗禮服有所改變。一九六〇年代的西方世界，處處充滿著年輕的意識，有人說這是一個屬於年輕人的時代。在當時女性除了以"消瘦、骨感、稚氣"作為最佳形象的表現，婚紗禮服也以如何能表現出青春洋溢的 "The little girl look" 為準則（如圖 2-82～圖 2-85）。

在當時最能展現年輕女孩形象的服飾，首推迷你裙的款式了（如圖 2-86、圖 2-87），當迷你裙穿在女性身上，不但展現「青春、活潑、俏麗、迷人」的意涵外，在輪廓線條上也充分營造出俐落、簡單、清爽的視覺印象（如圖 2-88）。

▲圖 2-79　無肩帶心型馬甲式胸衣在五〇年代極為風行。㉑

▲圖2-80　攝於一九六一年，穿著為美國總統夫人－賈桂琳‧甘迺迪夫人。⑫

▲圖2-81　為六〇年代初期的白紗禮服，依然可見受到new look風貌的影響。⑬

▲圖2-82　為六〇年代青春洋溢的白紗禮服，穿著者為奧黛利赫本。⑭

▲圖2-83　在六〇年代初期，甘迺迪夫人的穿著成為美國及全球女性之傚尤，她的穿著時常搭配各式手套的造型，造成當時的風行。⑮

▲圖2-84　由甘迺迪總統夫人——賈桂琳夫人所穿（參照圖2-83）。⑯

⑫ operagloves.com by The Jackie Kennedy Glove Gallery.

⑬ vintagebridal.net

⑭ audreyhepburnlibrary.com.

⑮ kera.org by, kera Media Resources.

▲圖2-85 為一九六三年婚紗禮服，緊身上衣搭配泡型裙身（類同於法國知名設計師 Balenciaga 的 tulip 裙型），為六○年代初期經典婚紗禮服代表，圖中展示了不落俗套的精緻平頂筒狀女帽頭紗設計。[67]

▲圖2-86 為一九六○年代受 Mary Quant 迷你裙的影響，而興起的迷你裙風潮。當時的好萊塢明星 Elizabeth Taylor 的婚紗照，就是穿著迷你裙禮服。[66]

▲圖2-87 由於一九六○年代越來越多人變得敢於冒險，婚紗也變得新潮大膽。[68]

◀圖2-88 於一九六六年另一英國時尚名模 Twiggy 延續 Mary Quant 風潮，當時迷你裙的長度在美國為膝上四～五吋，但在倫敦為膝上七～八吋甚至更高（約臀部下緣）。[70]

[66] Designed by Hubert de Givenchy, Worn by Jacq veline kennedy, reprinted from: John F. kennedy Library and Museum.

[67] reprinted from: Vintage 1960's Brides We Love.

[68] 朱利安．羅賓遜著．薛絢譯，美學地圖，臺灣商務印書館。

[69] Hollywood Studio Magazine (1972).

[70] 芙蓉坊雜誌，1994 APRIL, VOL.14 (4)

▲圖2-90　於六〇年代裏除了敢於冒險的人外，不少人喜歡浪漫風格，有些則穿著隨意簡單的個性化婚紗禮服。⑦

62

六〇年代英國時尚名模 Mary Quant 穿著迷你裙和半高跟長統靴進入教堂，老一輩爲之震驚，亦造成時尚震盪，影響婚紗的流行面貌。一些人依然喜歡在他們的大喜日子裡呈顯浪漫氣氛（如圖 2-90），另一些人則穿著隨意，例如：簡單碎花褲裝，甚至牛仔服等的個性化裝扮也行，使前衛一族也對結婚禮服產生了影響。

六〇年代有些新娘主張回歸自然，在海灘或森林之類的地方結婚，華而不實的馬車當然是過時之物。即使禮服的款式是傳統的，但布料卻不是，許多禮服用尼龍製作，越來越多的六〇年代人變得敢於冒險，變得更爲大膽。

▲圖2-91　左圖為一九六五年越戰開始後，hippie 嬉皮風格漸盛影響下的婚紗，右圖的婚紗設計混合高腰帝政線與維多利亞 A-Line 裁剪之綜合，搭配平順的鐘型袖、泳帽型頭紗，並結帶於下巴。

▲圖2-92　於一九六五年似劍型的寬身直筒洋裝結婚禮服，搭配玄月型花環頭紗，設計師為 Robert Work。

六〇年代末期，結婚禮服的輪廓線逐漸轉變爲寬身直筒式洋裝型態，並快速發展到沒有腰身的設計，演化成腰線漸高至胸圍下緣的高腰帝政線條風貌，搭配飾以花朵的無邊女帽頭紗設計（如圖 2-91）。自一九六五年越戰開始後，美國民眾因厭惡戰爭造成 hippie 嬉皮生活型態與風格的漸盛，影響婚紗風格（如圖 2-92 ～圖 2-94），「自由、和平、愛」爲當時主張。此外一反迷你裙潮流，流行迷地 Maxi（裙長及地）和 Midi（裙長及踝）的裙、褲款式。

⑦ Karens flowehouse.

⑫ vintagebridal.net

⑬ STYLE, ELEGANCE & GRACE FOR THE BRIDE, SUMMER 2005

⑭ Hippie Fashions-Lingerie, clubwear, Costumes. mht

▲圖 2-93　為一九六五年迷地裙長的例子，受六〇年代中期 A-Line 輪廓影響，禮服拖擺自肩膀披垂而下，時稱 Watteau 裙擺。⑫

▲圖 2-94　為仿六〇年代末期所流行的頭紗以花朵裝飾於頭部上方，髮型顯得隨性的嬉皮風。⑬

八、一九七〇年代

　　到了七〇年代，由於受到越戰發生的影響，使得當時的年輕男女在生活態度上產生極化分裂的態度，流行服飾亦愈加特立獨行。年輕男女各別裝扮自己，主要依照當時男女的生活面貌來反應出自我風格的形象（如圖 2-95）。此時女性一改之前年輕可愛的模樣，轉以成熟帥氣的形象爲主，迷你裙款式的流行風潮漸趨消退，取而代之的是褲裝款式，在當時喇叭褲加上有誇張領形的襯衫以及外套，這種組合就要算是最時髦感的穿法。透過女性輪廓審美價值的轉變，我們看到女性由天眞無邪的小女生瞬間長大成人，也看到女性由淘氣頑皮變得穩健而有自信。

▶　圖 2-95　迷你裙款式的流行風潮漸趨消退，取而代之的是褲裝款式，在當時喇叭褲加上有誇張領形的 T 恤、襯衫以及外套，這種組合就要算是最時髦感的穿法。⑭

▲圖 2-96　攝於七○年代的婚紗禮服。⑮

　　一九七○年，由於六○年代末期婚紗禮服的外型開始漸從高腰帝政線風貌轉爲呈喇叭型態展開的公主線條款式，並以小幅或完全沒有拖曳裙擺的裙型來表現（如圖 2-96）。對七○年代大體的婚紗禮服來說，袖子部位成爲最大的重點特色，讓盛行二十個年頭的窄管袖型有了改變。英國皇室 Anne 公主引領了這個風潮，在她的婚禮上所穿的婚紗禮服（如圖 2-97），採用亞瑟王時代華麗的袖型設計，稱爲 Camelot sleeve，外部袖型呈喇叭型袖口但內部爲另一種燈籠泡型袖子的服式，使得七○年代的其他新娘在各自的禮服款式裏，模仿相似型態的袖子表現（如圖 2-98 ～圖 2-101）。

　　從一九七○年代起婚紗禮服呈現迅速變化的情形。一九七○年時婚紗禮服依然以帝政線服裝風貌爲主流（如圖 2-102），強調採用新興的尼龍布料所製作。一九七二年婚紗禮服改以簡潔和潔白無垢爲特色，整體搭配毫無腰身線條且蓬鬆的裙子爲主流。至於女裝的流行依舊圍繞著迷你裙款式和迷地喇叭褲爲主（如圖 2-103）。

⑮ MODE et MODE HAUTE COUTURE COLLECTIONS PRINTEMPS 94.

⑯ onde' Nast.

▲圖 2-97　英國皇室 Anne 公主的婚紗禮服。

▲圖 2-98　攝於一九七○年的婚紗禮服。⑯

▲圖2-99 為七○年代模仿英國皇室Anne公主白紗禮服袖子表現的變化款式。

▲圖2-100 從Anne公主的白紗禮服款式加以變化而成的婚紗禮服。

▲圖2-102 攝於一九七○年高腰帝政線禮服與繡有花飾蕾絲尼龍透明薄紗。[78]

▲圖2-101 仿一九七○年代的婚紗頭飾,其為復古二○年代鐘型女帽頭紗設計的懷舊風貌,改採棉與嫘縈製作的威尼斯花型蕾絲,並縫綴於具挺度的尼龍帽底上。[77]

▲圖2-103 (左二)為一九七三年時下極流行的女裝,迷地喇叭褲之時尚裝扮。右二為一九七四年的流行女裝,迷你裙與迷地褲裝皆受到廣大的歡迎。

[77] 新新娘 2004 中文國際版 VOL.71 豔冬版。

[78] reprinted from: home.att.net

▲圖2-104　為八〇年代從流行音樂引領一股"A-go-go"熱門風潮。[79]

▲圖2-105　於八〇年代的 A Go-Go 音樂熱潮下的迷你印花女裝。

[79] 朱利安‧羅賓遜著，薛絢譯，美學地圖，臺灣商務印書館。

[80] COLLEZIONI DONNA ALTA MODA HAUTE COUTURE AUTUMN/WINTER NO.12, ROMA. PARIS.

[81] 哈潑時尚國際中文版 OCTOBER 2004, NO.178

九、一九八〇年代

　　一九八〇年代是以講求唯物主義（實利主義）的時代，當時從流行音樂引領了一股"A-go-go"熱門風潮，也興起一波二〇年代對過往回憶的懷舊風，但在服飾風貌方面卻一點也不相似（如圖2-104、圖2-105）。

　　八〇年代在男性接受度不是很熱烈的情況下，空前大量的女性進入了向來以男性為主的職業競爭場所與之共事。此時對女性自己而言，她們需要藉由衣服的裝扮以期能熔接過去對傳統事業的觀感看法，這意謂服飾設計師們，需將女性服飾設計成具有男性特質的比例，提供適合她們新形象的服裝（如圖2-106）。大量的方形剪裁輪廓線、放置肩墊等作法，被稱為"Power dressing"的款式設計，成為適用於當時女性訴求的女裝打扮。此時女性為了建立女強人的形象，展現能力與自信，而穿著有誇張墊肩的外套，這也形成了「倒立的正三角形」輪廓的流行。

　　此外，這個階段的女性更加重視自我體型的經營，美體消費在此觀念的影響下異軍突起，成為一項最具潛力的產業。塑身減肥以期能夠雕塑身材形成日常生活作息中重要的一個部分。

◀　圖2-106　為"Power dressing"的款式設計，成為當時女裝之主流打扮。八〇年代肩部設計的表現會漸趨柔和，呈現出較方型輪廓更為圓曲的情形，但仍以誇張型態為主。[80]

▲圖2-107 為八〇年代，因美國電視劇"Dynasty"成功的收視率，造成追隨影片裏浮華炫耀的流行風氣之盛行。[81]

▲圖2-108 為當時盛行的巨大羊腿袖婚紗禮服。[82]

▲圖2-110 於一九八一年戴安娜女士與王儲查爾斯王子的婚禮，在倫敦的白金漢宮舉行。

在八〇年代裡，每日播放的電視影集或劇集的服飾設計與裝扮，對時下大眾的影響力甚大，例如：Dynasty 劇集（譯名：朝代）成功的收視率，營造出西方的流行風氣，此後造成服裝設計師們會善加利用如 Dynasty 劇集的媒體力量，開創出一個能誇耀設計內容的流行媒體讓消費者紛起追隨，形成全球風尚（如圖2-107）。

至於婚紗禮服方面並未如上述八〇年代裡的新流行風氣一樣講求誇張風格。禮服設計在袖子方面，演變為巨大的羊腿袖型設計，其袖子膨起的部分近似新娘的頭部一般大小（如圖2-108～圖2-109）。舉例1981年英國的 Diana Spencer（譯名：戴安娜）女士（如圖2-110）在與王儲 Charles（譯名：查爾斯）王子的婚禮上，戴妃像似乎應時代的潮流一樣，選擇以近於她頭部大小的袖子來配合象牙白塔夫塔絲綢布料製成的婚紗禮服款式（如圖2-111），像似回到記憶裏的一八九五年時期的婚紗禮服款型（如圖2-112）。

▶圖2-109 其肩部設計漸趨柔和，呈現出較方型輪廓更為圓曲。

[82] MODE et MODE NO. 286, PARIS HAUTE COUTURE COLLECOTIONS PRINTEMPS 94.

▲圖2-111 戴安娜公主的婚紗禮服。

▲圖2-112　於一八九五年的婚紗禮服之款式設計。[83]

▲圖2-113　身材不若戴安娜王妃一般高挑者，以低腰剪接線修飾於前後中心，並於腰部剪接位置做喇叭式展開的裙擺設計，於後甚為流行。

[83] 文化學園服飾博物館（一九八五），館藏－世界晴著展，學校法人，文化學園。

　　戴安娜王妃與查爾斯王儲的婚禮，讓夢幻般的婚禮儀式能夠再現。若說七○年代裡有英國皇室 Anne 公主引領當時婚紗禮服的風潮，那麼英國 Wales 地區（譯名：威爾斯）的戴安娜公主，在她婚禮中所穿的婚紗禮服，宛如神話故事情景中的服飾造型，讓過去受到限制的服裝形式有了不同的改變，使得每一位新娘自此也想擁有上述般的婚禮情景。自此，婚紗禮服的腰線再次回歸自然腰線位置，同時仿傚英國查爾斯王儲妃子——戴安娜王妃的禮服設計有著寬大的蓬裙，繼而於腰部抽以飾摺，搭配長至手肘的巨大袖型，並連接上面裝飾有蝴蝶結的蕾絲荷葉邊裝飾袖口布，此外，手中持有著綠色植物托曳陪襯的大型花束。另一方面，使用塔夫塔絲綢製作禮服的情形大為增加。

　　雖然戴安娜王妃婚紗禮服設計大為盛行，但對於身材嬌小者而言卻不盡然適合，因此後來身材不若戴安娜王妃一般高挑者，於禮服部分做了些許修改（如圖2-113），以低腰剪接線修飾於前後中心，並於腰部剪接線位置再做喇叭式的展開，如波浪摺飾般呈現出裙擺設計，成為另一種盛行的婚紗禮服風貌。在現實生活裏皇室公主們，主要是穿著適當的維多利亞風格款式的女裝來傳達公主們適切的形象。至於她們在婚禮中的婚紗設計有著呈現巨大羊腿設計的袖型，合身剪裁的禮服線條，膨起的蓬裙外型輪廓，演繹著復古維多利亞時期的服飾禮服風格，也是象徵著傳統中講求神聖潔白的婚紗意義。在這八○年代的期間，肩部設計的表現漸趨柔和，呈現出較方型輪廓更為圓曲的表現情形，但仍然以誇張型態為主。

　　從新娘造型來看，因打褶膨起的面紗設計再次流行了起來，並大力恭維與讚美女性留著蓬鬆的波浪捲髮造型，像似搖滾樂團成員的造型一般。此外，雖然

多數的新娘們偏好選擇使用簡單的髮冠或花飾髮圈的頭飾設計作為婚禮頭紗，但八○年代的流行風格主要還是以崇尚炫耀、賣弄風騷與引人注目為主（如圖 2-114）。

▲圖 2-114 為八○年代末，九○年代初期的婚紗禮服款式，以上婚紗設計作品為時下數位知名設計師們的創作設計。84

㉘ 芙蓉坊雜誌,1994 OCTOBER, VOL.14 (10)

COLLEZIONI DONNA ALTA MODA. HAUTE COUTVRE SPRING/SUMMER NO. 10, ROMA. PARIS.

COLLEZIONI DONNA ALTA MODA . HAUTE COUTORE AUTUMN/WINTER NO.12, ROMA PARIS.

芙蓉坊雜誌,1994 OCTOBER, VOL.14 (10)

COLLEZIONI DONNA ALTA MODA. HAUTE COUTVRE SPRING/SUMMER NO.10, ROMA. PARIS.

COLLEZIONI DONNA ALTA MODA . HAUTE COUTVRE SPRING/SUMMER. NO.10, ROMA. PARIS

芙蓉坊雜誌,1992 DECEMBER, VOL.12 (12)

芙蓉坊雜誌, 1992 DECEMBER, VOL.12 (12)

MODE et MODE NO.286, PARIS HAUTE COUTURE COLLECOTIONS PRINTEMPS 94.

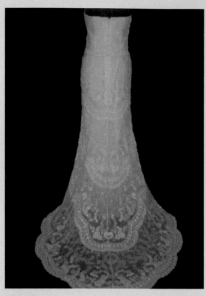

▲圖2-115　為一九八○年代裡的婚紗禮服。⑧⑤

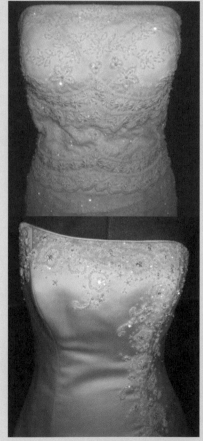

▲圖2-116　為一九八○年代裝飾華麗的婚紗禮服。⑧⑥

⑧⑤ lstcallforweddings.co.uk

⑧⑥ lstcallforweddings.co.uk

⑧⑦ STYLE, ELEGANCE & GRACE FOR THE BRIDE, SUMMER 2005.

　　再者，在八○年代中期，流行又回到盛行「性別偏見」的五○年代風格。同時在透過電視等多媒體的傳遞之下，流行的訊息更以非常快速的效力引起時髦風潮。最佳的例子便是穿著讓人走路得小心翼翼的復古高腳細跟高跟鞋，並以勢不可擋的熱潮再次回到時尚舞臺。

　　另一方面，曾於一九七○年代提出採行聯合國際間不同國家的合作模式，於一九八○年代推行運用西方資金，同時借力於第三世界國家的廉價密集勞工人力，可以讓海外的製造商們在中國、韓國與臺灣等國家地區創造不同等級的婚紗禮服。這些禮服主要是應用大量成串珠飾的設計或裝飾於衣服上的圓形金屬亮片構成的婚紗禮服為主（如圖 2-115、圖 2-116）。在過去的歷史裡，從未見過如此裝飾華麗的禮服被創造出來，例如剪裁裝飾以珠子的袖子和似大教堂內長型窗戶般的裙擺裝飾，並於上面裝飾著圓形金屬亮片的設計作品等，而令人驚奇的是這些禮服的價格卻是可以被大眾負擔得起的，這要歸功於廉價的勞力費用，以及可資利用的金屬等其他材料，像是醋酸纖維製品和塑膠製品的生產。

十、一九九○年代

　　由西方社會文化所帶動的「塑身運動」，藉由全球性國際化概念的傳遞讓全世界各地不分族群膚色，同向西方世界所建立的「理想體態標準」進行仿效。除了在身體審美觀方面所出現的全球性國際化標準外，在女裝設計、造型與外型輪廓方面，西方世界亦步步為營的讓每一季的流行時尚有著統合性的標準，當然這個循序漸進的流行循環模式，背後的意義自然是融合西方文化價值的觀點，加上跨國際間因互惠的商業利益所需，形成的一種時尚事業體。

在這樣的時代背景下婚紗禮服的設計，廣泛應用了刺繡與珠飾裝點在絲緞質地的布料上，採行具有硬挺性的馬甲緊身上衣為款式，搭配重點設計感的袖子造型及無（或細）肩帶風格服飾，在九〇年代漸漸變成顯而易見的流行款式（如圖 2-117）。此外在九〇年代這十年裡頭，服飾的演進不但提供了豐富多變化的裙款設計，亦更為便利許多。雖然膨起的寬幅裙擺相當受到歡迎，但到了後來一款以非常低腰線位置為設計的婚紗禮服款式引發了新的禮服風氣，甚至於腰線位置低落近至臀部位置，並常見以呈現喇叭式展開的裙擺設計為主要造型（圖 2-118）。當然地，有愈來愈多的變化性素材呈現出不同風格的婚紗禮服設計（圖 2-119），匯同各式各樣有挺性或薄紗等質感的刺繡貼飾布料，可以加以裝飾婚紗禮服的款式，讓禮服的變化更為廣博許多，至於婚紗禮服的外型輪廓則以纖細的側身線條，再次回到流行的舞臺（如圖 2-120）。

▲圖 2-117　為九〇年代常見的馬甲式緊身上衣款式與設計風貌。[87]

[88] STYLE, ELEGANCE & GRACE FOR THE BRIDE, SUMMER 2005.

[89] I cons of FASHION, The 20th Century, Edited by Gerda Buy baum, PRESTEL Munich.London. New York.

▲圖 2-118　為一九九〇年代的馬甲式緊身上衣款式，為無肩帶風格禮服款型。後來低腰設計的婚紗禮服款式發展成為新的婚紗禮服設計風格。[88]

▲圖 2-119　為一九九二年由知名服裝設計師 Claude Montana 為名牌服飾 Lanvin Couture 所設計的春夏婚紗禮服設計款式。[89]

▲圖 2-120　為一九九八年由知名服裝設計師 Lainey Keogh 所設計的秋冬季寬鬆直筒連身裙網紗女裝款式。[90]

▲圖2-121 為一九九九年，英國 Sophie Rhys-Jones 女士在倫敦 St. George's Chapel 教堂舉行婚禮，上圖為她在嫁給英國皇室 Edward 王子時所穿著的婚紗禮服。

▶圖2-122 於一九九○年代的設計師群中以「設計師 Vera Wang」的婚紗禮服作品讓九○年代的新娘禮服之應用設計超越了八○年代的格式，有著無限量的豐富變化。⑨

進一步地在流行的推展下，寬鬆直筒連身裙女裝被引渡成為日常女裝的流行款式，而這股潮流很快地影響到婚紗禮服款式的設計上。主要是在一九九九年時，從英國的 Sophie Rhys-Jones 女士嫁給英國皇室 Edward 王子的婚禮上，因她職業婦女的形象，成功的詮釋了時代新女性優美的風貌，讓不少的新婚女性引為仿傚（如圖 2-121），該婚紗禮服上身為輕柔的歐根紗製外套，邊緣鑲以深色珍珠和珠狀玻璃為滾邊裝飾，整件衣服是由蠶絲製作而成的合身式連身洋裝禮服。

在一九九九年裡設計師們對流行時尚的影響力（如圖 2-122）已經較以往銳減了，就婚紗禮服而言，在當時的設計師群中以「設計師 Vera Wang」對婚紗禮服款式與風格的影響力是有目共睹的。如果要為該年代的流行下個評論，從九○年代裡所有可見的婚紗雜誌中窺探究竟，便能發現 " less is more "（譯註：簡單就是豐富）一詞就是此一年代最佳的時尚注解（如圖 2-123）。然而設計師 Vera Wang 卻不表贊同，針對正式的禮服，將此一時尚格言予以詮釋為 " 從女性的身上除去了不必要的一切 "，她的作品讓九○年代的新娘禮服之應用設計超越了八○年代的格式，有著無限量的豐富變化。設計師 Vera Wang 的禮服設計創作啟發了其他設計者豐富的靈感，也讓一些對於其他時下設計作品感覺有所不足的人們有感而發，言道「less is a bore」（譯註：簡單反生厭倦）。此外簡單的洋裝式禮服也有著方便他人模仿的缺點，像是一件式無袖上衣款式風貌好像週期般，一再更新與回復，在經過了成數的新娘穿著之後，這樣的禮服風貌就會像是遵循宗教

⑨ I cons of FASHION, The 20th Century, Edited by Gerda Buy bauam, PRESTEL Munich. London. New York.

⑨ 哈潑時尚國際中文版 DECEMBER 2004, NO.180.

⑨ thebeautifulbrideokc.com, by vera Wang.

⑨ OHIO STATE,costume.osu.edu/Exhibitions.

⑨ 100 megsfree3.com, Movies "Sabrina", by Audrey Hepburn.

⑨ Movies "Sabrina" , by Audrey Hepburn prints & Posters.

信徒在朝聖時穿著制服的情景一樣，這情形讓每位新娘成了流行追隨著，而非具有個人流行品味的主導人。

　　九〇年代尚有其他知名的婚紗禮服，如二人組的「流行時尚設計師 Badgley 和 Mischka」，提出了各式各樣手工製作的珠飾設計禮服（如圖 2-124），讓喜愛其創作者可以穿著，而他們的創作就如同藝術品一樣，有著令人爲之驚豔稱讚的款式設計與搭配。

　　除此之外，設計師 Vera Wang 的禮服設計創作中有著一款禮服設計，風行九〇年代，可說是讓人必定提及的，並且是該年代裡沒人可以超越的設計款「圍裙式洋裝禮服」。然而，此一款式則是受到五〇年代末期至六〇年代初期，眾人周知的知名服裝品牌 "Givenchy" 爲時尚電影 "Sabrina" 中的女主角 Audrey Hepburn 所設計在該片中穿著的一款粉紅色圍裙式洋裝之影響（如圖 2-125、圖 2-126）。

▲圖 2-123　為 Vera Wang 的設計創作，廣受時尚名流的喜愛。[92]

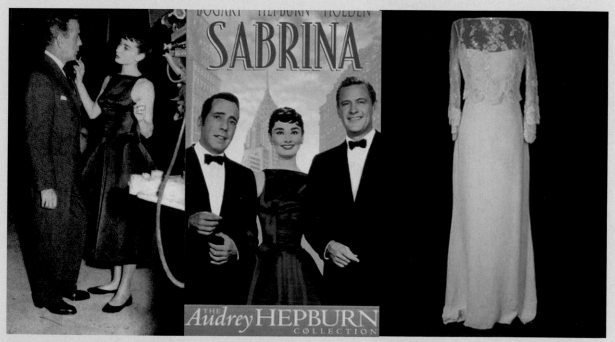

▲圖 2-125　於五〇年代末六〇年代初期，為知名品牌 Givenchy 的設計作品。[94]

▲圖 2-126　於五〇年代末六〇年代初期，的電影 "Sabrina"。[95]

▲圖 2-124　為九〇年代的流行時尚設計師 Badgley 和 Mischka 的婚紗禮服作品，如同藝術品一樣。[93]

▲圖2-127　於二○○○年的婚紗禮服，由於受到講求個性化服裝需求的影響，婚紗禮服越趨於多元化與多樣化的選擇。⑯

74

▲圖2-128　於21世紀可經常見到公證結婚方式來完成一對新人的結婚儀式，過程簡單而隆重。⑰

▲圖2-129　於婚紗禮服的變化，以適合個人生活與特色為考量，成為新娘們各自選擇婚紗禮服的選擇要素。⑱

第四節　二十一世紀時期

　　如今已然是二十一世紀，無庸至疑的針對婚紗禮服的設計與製作方面，不論在布料的應用變化、加工處理或是在服裝型態上的變異、改造等都將會不斷的持續進行。再者，隨著人們對個性化審美觀念的差異，以及對婚禮儀式的重視程度與看法的不同，對於婚紗禮服的穿著裝扮亦有隨性或隆重的差別安排（如圖2-127～圖2-128）。尤其自一九九○年代以來，全球律法對於結婚禮俗的規範條件與要求，致力於全民通用化和便捷性，使得婚禮儀式和婚紗禮服的選擇表現愈來愈多元（如圖2-129～圖2-130）。

　　目前較多數的人們傾向於擁有一個令愛侶們自己本身難忘與獨特的結婚情景，越來越多的人講究穿扮，希望讓自己去呈現婚紗的特色，而不是被婚紗穿著。因此婚紗禮服的款式變化以適合身材、配合個人特質、氣度，符合平時的生活習慣，掌握個人體型特色，已成為新娘們選擇條件。

⑯ ephemera.org

⑰ daveknell.com

⑱ hindustantimes.com

⑲ bridalreamhawaii.com., by Robert Hamilton

▶　圖2-131　攝於二○○一年，以講究浪漫的設計款式為主流。⑲

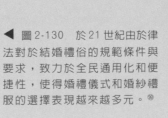

◀　圖2-130　於21世紀由於律法對於結婚禮俗的規範條件與要求，致力於全民通用化和便捷性，使得婚禮儀式和婚紗禮服的選擇表現越來越多元。⑲

▲圖2-132 攝於二○○二年，流行
廣受歡迎的大自然風尚與簡潔的設計
線條。[101]

▲圖2-133 刊載於二○○三年的婚
紗禮服，粉彩色系亦是熱門的選擇。[101]

▲圖2-134 攝於二○○四年的
婚紗款式簡單高雅，新娘手持
搭配細緻或華貴的花朵作為配
飾。

　　二十一世紀的婚紗流行趨勢，講究浪漫、純潔與
大自然風尚（如圖 2-131～圖 2-132），廣受歡迎的明
亮色彩、粉嫩色系或淡淡的粉彩系列，甚至表現俏麗
活潑的蘋果綠等婚紗禮服用色也紛紛登上時尚的流行
舞臺（如圖 2-133），打破傳統禁忌的創意不斷出現，
設計師在創作婚紗時，取材更是廣泛，絲綢、緞、雪
紡紗、珠繡蕾絲、珠繡布料、繡花材質、雙色塔夫塔
綢、金蔥布料或是金蔥蕾絲等，似流水般輕柔飄逸的
絲絹、最能表現復古、貴氣的手工蕾絲都是設計師們
信手拈來的愛用選擇，搭配細緻或華貴的花朵配飾，
流蘇、珠飾亮片等飾品，更具畫龍點睛的整體效果（如
圖 2-134～圖 2-135）。

▶圖2-135 攝
於二○○四
年的新娘，
越來越多的
人，傾向擁
有難忘與獨
特的結婚情
景，並希望
讓自己去呈
現婚紗的特
色。[102]

⑩ Hawaii.edu, by Garrett Ito.

⑩ The Swarovski Design Award "Bride 2000" Award-winning
　 Visions.

⑩ andrew.cmu.edu/user/sboles/scott.

▲圖2-136 為比利時設計師Gerald Watelet在2005年春夏所發表的計作品。[104]

婚紗禮服與時裝一樣，同樣隨著潮流而改變出不同的款式，所以要突顯出時代感，挑選婚紗禮服必須與時代並進，除此之外在考慮流行感之餘，婚禮現場的整體感覺也是考量的要素（如圖2-136～圖2-137）。結婚是女人一生中最幸福快樂的日子，婚紗禮服更是女人從小夢寐嚮往的衣裳，這樣一生一次獨一無二的美麗，使婚紗禮服設計師們在個性、創意與流行之間拿捏出最精準的特色，才能為二十一世紀的婚紗禮服時尚，打造出不同凡響的一頁（如圖2-138～圖2-139）。

二十一世紀是一個充滿變革與擁抱自主的時代，婚紗禮服當然也要配合著本世紀的風貌，拋離過去的窠舊，以展現個人魅力為主軸，提出充滿二十一世紀新人類喜好與品味的無限創意（如圖2-140）。

▲圖2-137 為法國設計師Stephane Saunier，在二○○五年春夏的高級訂製服發表會中展示的一款婚紗禮服。[105]

▲圖2-138 為設計師Mireille Dogher 二○○五年秋季婚紗作品，材質常是設計師信手拈來的愛用選擇。[106]

▲圖2-139 巴黎二〇〇四／五秋冬時裝展上一款由法國設計師Jean-Paul Gaultier設計的作品。[107]

▲圖2-140 英國Wales 王子與Camilla Parker Bowles 女士公布結婚喜訊，於在二〇〇五年四月分完婚，相信此場婚禮將會引來另一波的風潮。[108]

[103] Lapidus, France, SWA.COM 2000 Swarovski AG.

[104] Hawaiian Wedding Ceremony of Mr. And Mrs. Obradovic in Shipwreck Beach.

[105] hindustantimes.com

[106] hindustantimes.com

[107] Designed by Mireille Dogher, 2005 Autumn/ Winter, Mireille Dogher.com

[108] reprinted from: everafterformal.com？ 1999-2001 Ever After Formal Wear, Inc.

她（ELLE）雜誌，臺北國際中文版，MAY 2005, NO.164

▲圖2-141 摩納哥親王亞伯特二世於二〇一一年三月與曾為南非游泳健將的夏琳惠茲塔克女士婚禮。

▲圖2-142 二○一一年四月的英國皇室婚禮受全球矚目,新郎為威廉王子和新娘凱特女士。

▲圖2-143 二○一二年十二月奧地利大公卡爾‧克里斯帝安的次子克里斯托弗大公,迎娶女友雅德萊德女士。

▲圖2-144 二○一三年六月份瑞典皇家婚禮,是由馬德琳公主與平民克里斯托弗先生所舉行。

▲圖2-145 二○一三年六月由設計師Carolina Herrera 所設計的婚紗禮服。

本章習題

1. 請問什麼是從訂婚到結婚儀式過程中婚紗與禮服準備不能少的 5 個步驟？此外在各服飾的選擇上須要注意那些要點？（參照附錄（一））

2. 請問白色的婚紗禮服始於何時？又是如何成為約定成儻的婚紗禮服用色？

3. 請問在一九二〇年代何種型態的頭紗造型為當時的主要型態？

4. 請問在一九八〇年代裏誰的婚禮與白紗禮服設計引領了當時的潮流？其典型的設計特色為何？

第三章　臺灣人的婚俗典故

▲圖3-1　男方由媒人帶領到女家迎親。

▲圖3-2　臺灣傳統婚嫁時，男女著穿的禮服。

82

▲圖3-3　結婚是人生過程中另一個重要階段的開始。

　　臺灣的婚嫁習俗深受漢族文化的同化與影響，中國近代的婚嫁習俗則在一七二三年清雍正實行改土歸流的政策，使漢族文化影響加深，在婚姻上也已實行一夫一妻制和父母包辦婚姻的制度。兒女婚事由父母做主，媒人撮合，以牛、羊、豬、酒聘娶。婚姻講究門當戶對，三從四德，夫唱婦隨等漢族傳統倫理。在族人內部，同姓不同宗的人可以通婚，但絕對禁止同家族的人結親。結婚者，一般都要經過訂親、請酒，舉行婚禮的程序。

　　繼之，一但議婚成功，即行擇日定聘。迎親前一個月，男方通知女方家，隨帶糕餅雞酒之類禮物，女方必須將鞋帽文具和糕餅回贈男方。婚前一日，女方要將壯奩吹吹打打送往男家，此謂辦親。結婚之日謂之迎娶，新娘身著襖袍，腰圍玉帶，鳳冠霞帔，屬於明朝裝束；新郎則頭頂小帽，長衫馬褂，儼若清廷命官。據傳是當時吳三桂降清時與皇帝約法，所謂「降男不降女」，故而婚嫁時男穿清服女著明裝。辦親日上午，男方家備花轎，由媒人帶領到女方家迎親（如圖3-1）。進入洞房後，新郎新娘並坐床沿，稱「坐床」。休息片刻到大廳，拜天地飲合歡酒。次日新娘親自下廚，稱「試廚」。婚後三日，女方家中兄弟（親家舅）帶鮮花、麵包、冬瓜及各色蜜餞，乘轎至新郎家，稱"會面"。以後女方家請婿會親，謂之「歸寧」。

　　在傳統社會的習俗上，當孩子經驗一連串生命禮儀，融入所屬的社會後，家長也深深期望孩子得以平安順利的長大成人，通過成年禮，到了準備結婚時，更是生命過程中另一個重要的階段（如圖3-2和圖3-3）。這一段長大成人到結婚生子的過程，顯示延續生命代代相傳，意義非常肅穆。

中國傳統的婚姻禮俗有所謂的六禮：即「納采」、「問名」、「納吉」、「納徵」、「請其」和「親迎」，古代六禮約形成於周代，完備於漢代。而清代呂振羽《家禮大成》記載結婚六禮已有變更，「問名」、「訂盟」、「納聘」、「納幣」、「請期」和「親迎」。隨著時代進步，現今社會已少見披紅蓋頭、踏上花轎的中式傳統婚禮，民眾有將複雜隆重的婚禮逐漸簡化的趨勢，僅有極少數的新人才會採取傳統民俗的婚禮。但是為求新人平安幸福，今日仍有許多習俗保留於現代婚禮中，即使披上白紗禮服，中國傳統婚禮習俗依然有所保留，雖然繁瑣，但每個動作都有其深刻意涵。

藉由婚禮的舉行，一對新人從此將以另一種社會身分面對親友與社會，所以有特別的婚禮儀俗的產生，其進行的步驟大致如下：(1) 婚前禮之「議婚」、「問名」、「換庚帖」、「訂盟」、「訂婚」、「送日頭」、「安床」、「結婚謝天公」，(2) 正婚禮之「親迎」、「辭祖」、「出轎」（下車）、「拜堂」、「食圓和食酒婚桌」，(3) 婚後禮之「出廳」、「歸寧」等。上述為民眾普遍盛行的傳統婚俗，此外，尚有少數的「入贅婚」與「冥婚」習俗。

第一節　傳統古禮婚俗

一、婚前禮

1. 說媒、議婚

　　昔日傳統社會男女雙方的婚事，多依賴媒婆的幫忙介紹，或是哪家的男子看上哪家的女孩，便會託媒人攜帶一隻雁當賀禮，去女方家說明來意並探聽消息，一旦女方父母覺得門當戶對，便會收下禮物，應允繼續談下去。期間得靠媒婆耐心的對男女雙方情況的掌握與說項，才能逐步促成婚事。有些地方則以鵝或雞來替代雁當賀禮。倘若女方事後探聽對男方感到不滿意時，便需趕緊退還禮物。如今社會風氣大開，講求自由戀愛，所以往往是請現成的媒人到女方家提親（如圖 3-4）。

▲圖 3-4　新娘右側為協助結親的現成媒人。

2. 問名、換庚帖

　　男方在徵得女方同意聯婚後，接著便進行「問名」、「提字」或「討生時」的步驟（如圖 3-5），問得男女雙方的姓名八字，即為「問名」。首先男方將男子的生辰八字（生庚），以及三代祖先的姓氏、名諱、籍貫、里居、曾任職務及經歷寫在紙帖上，由媒婆交給女方。女方接到庚帖後，也依例寫著女子的生辰八字及三代祖先之姓氏、經驗等庚帖交給媒婆轉交男方。雙方再將對方的庚帖，先壓在祖先牌位前的香爐下，問卜得吉時，再放在神桌上向家中神明請示，若三天內家中一切平安無事，無吵架、被竊、打破碗盤等事發生時，則屬吉兆，婚事可繼續下去，這便是古代六禮之一的「納吉」亦即「文定」，今稱「過文定」或「小定」。「過文定」為「過大禮」之前奏，通常在婚禮前一個月舉行。男方家選定良辰吉日，攜備三牲酒

▲圖 3-5　問名與換庚帖。

禮至女方家，正式奉上聘書。現代有些家庭則不再實行此項習俗。若三天內不幸發生不祥的壞兆頭，則要趕緊退還對方的庚帖。

3. 納徵或訂盟、訂婚（小聘、小訂、大聘、大訂、完聘）

「納徵」即正式送聘禮，男方奉送禮金、禮餅、禮物及祭品等到女方家，謂之納徵（如圖3-6），今稱「過大禮」。「過大禮」乃訂婚之最隆重儀式，約在婚前十五天至二十天進行。男方家定下良辰吉日，攜帶禮金和多種禮品到女家。聘禮的性質是新郎以贈物表示對女方的好意或尊敬，以此證實自己有照顧妻子的能力。另外，聘禮表現出男子能擔任家庭和社會責任的標誌。

男女雙方家長將新人的八字庚帖向神明祖先請示吉兆後，也請命相師核算過，若無相剋情事，男方再請媒婆至女方家報詢，並商量訂婚之事。後來演變成「小聘」，男方得備鵝、豬肉、衣帛、簪飾、聘金等禮物到女方家議婚，女方於收受聘禮、聘書後，需以帽子、鞋子及文房用品作為答禮，所有物品供在廳堂向神明祖先祭拜後，交付紅包與媒婆，並將回聘物品及答聘書置於紅木盒中（即木盛中）（如圖3-7），扛回男方家，雙方婚約即訂定完成。

男女雙方有意結成親家，即六禮中的「納吉」、「訂盟」（俗稱送定、文定、小聘、大聘），昔日「訂盟」有分大訂（大聘）和小訂（小聘），也就是分兩次贈送聘禮到女方家，後來民眾多簡化婚俗，一併舉行，俗稱「訂婚」。昔日小訂時，多選在偶數的月份，由男方家長或委託媒婆送一對金戒指、小訂聘金、檳榔、冰糖、酥餅等禮物到女方家，待女子掛上戒指，小訂便完成了。而大訂即「完聘」，會較隆重些，聘

▲圖3-6 納徵的禮餅。

▲圖3-7 男方聘禮的木盛。

▲圖3-8　金手鐲、項鍊等聘禮。

▲圖3-9　福圓，龍眼乾亦可。①

86

▲圖3-10　湯圓，代表團圓美滿之意。

禮有酥餅、戒指、文針、耳環、聘金、冬瓜糖、米米老、鴛鴦糖、檳榔、半隻豬或一隻豬腳、鰱魚兩尾、酒、禮炮、壽金等。禮品裝在木盛中，由男方親友及媒人送到女方家。

　　近代訂婚的聘禮多半是：半豬或豬腳、禮餅、麵線、桂圓、冬瓜糖、柿餅、粿盒、羊、喜酒、紅綢、黑紗綢、金花、金手鐲（如圖3-8）、戒指（一金一

註1

簡單六色(件)禮

1.大餅
即通稱的「漢餅」，在臺南，嫁女兒吃大餅，往往以斤計算，數量大。當天男方扛大餅到女方家，數量愈大愈禮面。

2.盒仔餅
「禮餅」，以西餅爲主，搭配小甜點，近年來，花樣豐富口味多。

3.米香餅
俗云：「吃米香嫁好尪」，吃了米香餅，便能覓得好夫婿，這種米香餅在臺灣鄉間頗爲常見，通常以米爆成，做成圓型狀。

4.禮香、禮炮、禮燭
香用無骨香，炮用大鞭炮和大火炮，禮燭則用成對的龍鳳喜燭。

5.米、糖仔路（萬字糖、三角糖）福圓（龍眼乾）（如圖3-9）
米和糖是供女方做湯圓（如圖3-10），有圍圓美滿之意；桂圓則代表新郎的眼睛，女方不能收，只能偷兩顆給新娘吃，表示看住新郎的眼睛，使他婚後不再看其他女子。此外也取其圓滿、多子多孫、多興旺之意。

6.聘金、金飾、布料
•聘金
分「大聘」、「小聘」。「大聘」代表男方的實力和面子；「小聘」則屬一般行聘。

「大聘」無限定金額，而女方會收小聘退大聘。

•金飾
金飾多寡全視男方能力，通常金飾一套（項鍊、手鐲、耳環、金戒），這套首飾由準婆婆打點，算是給

媳婦一個見面禮。婚禮當天，新娘必須將它們全數戴上，以示尊重（如圖3-11）。

•布料

現代新娘大都由自己從頭到尾，從衣裙到皮包、皮鞋、費用由男方負責。更簡單甚至以紅包代替再由新娘添購。

▲圖3-11　婚禮當天，新娘須全數戴上婆婆打點的首飾。②

註2

簡單十二件禮

除了上述「六件禮」之外，講究的「十二禮」尚需再加上以下幾項才完備。

1.四色糖

冬瓜糖、巧克力糖、冰糖、柱餅：即是「四色糖」象徵新人甜甜蜜蜜、白頭偕老。

2.酒

酒是為了敬女方家祖先。送酒，也表示全年平安順遂。

3.麵線

象徵「美滿姻緣一線牽」，祝福新人福澤綿長、婚姻幸福、延年益壽。

4.醃雞、母鴨

表示婚姻圓滿、一片祥和。

5.豬

富貴人家以全豬、半豬代表，普通人家則以豬腳聊表心意（如圖3-12）。女方會將此禮分切，餽贈前來參加婚禮的女方親友。

6.其他

如喜花、罐頭、珍品等。

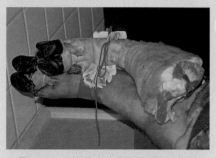

▲圖3-12　普通人家則以豬腳表心意。

▲圖3-13　紅包壓茶甌。

▲圖3-14　戴訂婚戒子的儀式。

▲圖3-15　空紅木盒

▲圖3-16　鳴炮

銅）、耳環、衣料、聘金、大燭、炮、禮香、茗花、蓮蕉花盆、石榴桂花等。

也有人強調備十二件訂婚禮品，即六色禮（件）再加六項湊成十二項訂婚禮品，六色禮。

雙方在完成點交聘禮後，未來的新娘穿禮服出來敬茶，男方親友以紅包壓茶甌（如圖3-13）。接著進行戴訂婚戒子的儀式（如圖3-14），戒指一金一銅以紅線繫住，取其永結同心之意。訂婚戴戒指時，女方會交待女兒不要讓新郎直接戴到底，手指要稍微彎曲一下，以免將來被新郎壓到底；有些地方則是新郎要一手交一個紅包給新娘的右手，並在新娘的左手戴上戒指。若訂婚聘禮中有福圓（龍眼乾）、閹雞、鴨母和豬腳時，女方得當作回禮如數送還男方。也有女方的習俗強調只取兩顆福圓讓新娘吃下，意寓吃下新郎的眼睛（指福圓），新郎以後不會亂看別的女人避免日後變心。

戴訂婚戒指儀式後，女方將禮物、禮餅供在神桌上，婚書則置於祖先牌位前，以男方送來的無骨香上香敬告女方家的神明和祖先此文定的喜訊，待女方宴請雙方親友午宴後，退回部分禮品，特別是豬肉的腿部，意寓女方只吃男方的肉，不啃其骨，並贈送男方相關禮品十二項，如西裝料一套、襯衫一件、帽一頂、皮鞋一雙、皮帶一條、領帶、鋼筆、皮包、手錶、木炭、棉條、蓮蕉石榴各一棵；狀元糕以及婚書等。

女方回禮的情形有的如下：將珠寶盒（手錶、金飾、退回的聘金）及回贈男方的禮品擺入原本裝有男方所攜來的聘禮的木盛中，再將男方送來的禮香、禮炮、禮燭與禮餅裝在一個空紅木盒，傳統式的回禮則包括肚圍、鉛錢、鉛粉、五穀種子、生炭、燈蕊、棉、袋仔絲、紅糖，以及兩顆福圓等等亦裝在紅空木盒內（如圖3-15），

部分四色糖、豬腳、閹雞與鴨等也一併「回木盛」。男方如果有送伴頭花，女方則需回送石榴、桂花的盆栽，以紅紙覆土，上面放著吉數錢幣數枚，以表瓜瓞綿延，多子多孫多福氣。肚圍則有祝福新郎官運亨通，鴻圖大展之意；鉛錢、鉛粉（「鉛」的閩南語同「緣」）和紅糖表示新娘將來嫁到夫家會得到好人緣；生炭象徵繁衍興旺；而五穀種子、燈蕊、棉、袋仔絲等也有象徵子孫繁衍，瓜瓞綿延之意。

有的地方習俗是女方舉行訂婚喜宴，主要宴請女方親友；有的則是女方訂婚不請客，直到歸寧時才宴客親友；也有其他地方是留待結婚時再一起宴請男女雙方的親友。宴後男方將壓木盛之物攜回時，男方家需鳴炮恭迎（如圖3-16），並將女方婚書供於祖先牌位前，上香敬告神明及祖先已完成訂婚的喜訊。

近代的訂婚喜餅，一般多採男方出錢，由女方自行採購，只要雙方事先言明需要多少錢便可。所以訂婚後，女方便會將訂婚喜餅分贈親朋好友，而親友則在收到喜餅後，陸續送來結婚禮物或禮金，或是在參加結婚喜宴時贈送禮物或禮金，以為祝賀。

「完聘」亦即大聘、大訂，指所有的聘金都已送完，是為完聘。昔日較為複雜，後來有的會將完聘與訂婚合併辦理，有的則是與迎娶合併，稱為「完聘娶」。慎重些的人家會在完聘的前一天舉行謝神儀式（如圖3-17），即是「結婚謝天公」。

4. 送日頭（請期）

「請期」即男方家請算命先生選定娶親吉日後，即派人告知女方家，徵求女方家的意見，今稱「擇日」（如圖3-18）。當訂婚後，媒婆由女方家取得庚書送至男方家，男方便依庚書上記載的新娘八字，送請命相師

▲圖3-17　謝神儀式③

▲圖3-18　擇日④

▲圖3-19　挽面

89

③ www.dfes.chc.edu.tw
④ www.wjdaily.com

▲圖 3-20 布置新娘房⑤

▲圖 3-21 傀儡戲⑥

選定裁衣、挽面、安床、迎娶、上轎、進房等時刻。迎娶的日期寫於紅紙上，另備豬腿、冬瓜茶、茶葉、蠟燭及覆日禮（給女方覆驗迎娶日期的紅包），託媒婆送到女方家，稱為「送日頭」，又稱「送日課」。近代為了省事則在訂婚時一起送日頭，傳統習俗中也有男方在送日頭時，備妥「日頭餅」送給女方，再次分贈親友，好提醒他們別忘了喝喜酒的日期。

女方家在收下男方所贈送的禮品後，則備午宴款待媒人，並將男方家送來的豬腳肉收下，豬蹄連腿則退回，另備送給新郎的衣料，如襯衫、領帶，採雙數為吉。古代婚俗有裁衣作「上頭衫褲」，到壽終時再穿之事，現今已不穿舊式禮服，故無裁衣之俗。昔日女子結婚前挽面（如圖 3-19）是很慎重的，需請福壽雙全的婦女利用棉線與椪粉，為其挽面，也稱為「開面」，現在已很少人挽面，都到美容院作臉按摩保養護膚。

5. 安床

男方於結婚擇一吉日，布置新娘房（圖 3-20）添置新床，稱為「子孫床」，並行「安床典禮」。需備茄芷、草席、被褥、米、鈝（指生鐵）、炭、蕉、梨、芋、桔、紅圓、發粿、大燈等，在擇定好的時辰內放置床上，約一小時，撤走後，在床上再張貼一張寫著「鳳凰到此」或「麒麟到此」的黃色令符。再請一位屬龍的小男孩在床上翻滾，並誦念「翻過來，生秀才，翻過去，生進士」的吉祥語句，之後則備供品祭拜床母。結婚前一晚，再請屬龍的男孩陪新郎睡在新床上，謂之「煖房」或「壓床」，取其象徵避免讓新郎以後守空床，以及可以早生貴子的意義。

⑤www.wjdaily.com
⑥版印年畫及傳統戲偶展，元智大學
　藝術中心。

6. 結婚謝天公

　　有些傳統的家長在男孩子出生後身體不適或較難養育時，會向玉皇上帝（天公）和三界神明許願：若男孩子能夠平安順利長大到成年結婚時，必定準備豐盛的供品來答謝。所以多年後，當孩子如願順利長大且找到合適的對象，就在結婚的前夕或完聘的前一天，選定吉時延請道士誦經讀疏文、並備妥豐盛的供品，以及加演傀儡戲（如圖3-21）或大戲，正式向玉皇上帝和三界眾神明祝禱，感謝多年來護佑平安，此即俗稱「結婚謝天公」，也稱「謝神」。女方在男方謝神當天需備十二色禮品，用木盛扛送道賀，男方只可收前六色，後六色必須退回，十二色的禮品包括：喜幛、喜燈、禮香、禮燭、禮炮、戲彩（如圖3-22）、發盆、禮酒、桃盞、燻腿、鹿肉、燕窩等，稱爲「賀謝神」。若收入戲彩，則必須加演大戲以爲答謝。

　　祭拜多在新郎準備結婚的前夕，約結婚當天凌晨子時舉行，祭拜完後稍事休息便準備出發前往女方家迎親。準備頂桌和下桌（或前後桌）設於庭院或神明廳三界公爐下向天處祭拜；並在頂桌兩旁繫上頭帶尾青的甘蔗，並準備三只或五只代表天公的天公座（燈座）擺在頂桌中間，中央再擺上香爐，爐之兩旁並備好燭臺。

　　至於拜天公供品，頂桌和下桌的特色也不同，頂桌獻給最尊貴的天公，以清素的齋品爲主；下桌獻給天公的部屬之神明，因而以五牲等葷食爲主。頂桌須先點上一對蠟燭，並在爐前擺上三只茶杯，斟上清茶，而頂桌的清素供品，一般爲紮上紅紙的麵線三束、五果、六齋，亦有準備荣碗十二、二十四或三十六的，以及糖塔、糖盞等。下桌的葷食的供品爲五牲，由於拜尊貴的天公之部屬，所以牲禮多強調生而全的，只

▲圖3-22　戲彩⑦

▲圖3-23　紅龜粿⑧

⑦ www.dfes.chc.edu.tw

⑧ 李秀娥（二〇〇三年四月）著。臺灣傳統生命禮儀。晨星出版社。

▲圖3-24　喜糖、冬瓜糖[9]

▲圖3-25　現代迎娶新娘的景象。

▲圖3-26　食姊妹桌的情景。[10]

[9] 李秀娥（二〇〇三年四月）著。臺灣傳統生命禮儀。晨星出版社。
[10] hta.gov.tw

要稍微燙熟即可；此外，還有紅龜粿（如圖3-23）、甜料等。下桌兩旁則另置兩張供桌，各放一隻全豬和全羊。

獻給天公的金紙主要是天公金，包括天金、大箔壽金、壽金、禮金、福金、高錢（長錢）等，其中高錢可撕開拉成長條狀，掛於頂桌旁的甘蔗上，或是掛於全羊、全豬的牲禮上，同樣兼具裝飾性效果的獻敬。

二、正婚禮

1. 親迎

「親迎」為六禮最後一道程序，即新郎乘禮車赴女方家迎接新娘。「親迎」意義有二：男子親自去女方家迎接新娘，表示對女子的尊重；表現出男子要求從夫居的強烈願望。有些地方，會在結婚前幾天，擇吉日由男方先將完聘的禮品扛送到女方家供女方祭祖用，也有簡省結婚程序而在結婚當天才一起送去女方家的，稱為「完聘娶」。所以完聘時要準備金香燭炮各兩份，豬、羊、雞、魷魚、皮蛋、麵線、罐頭、酒、禮餅、喜糖、冬瓜糖（如圖3-24）、戒指餅（檳榔和冰糖）等取雙數，以偶數的方形長木盒（木盛）裝著送到女方家。

昔日親迎之日，男女雙方都張燈結綵，吉時一到，新郎連同親友湊成偶數，率鼓樂、儀仗、彩輿前往女方家迎娶新娘。現代迎娶則少用花轎，普遍改成以新娘禮車迎娶（如圖3-25）。新娘則一早便化好妝，穿上新娘禮服，古時穿代表喜氣的大紅鳳冠霞披，民國以後受到西方結婚服飾文化的重大影響，多以穿著象徵純潔的白色結婚禮服為主。

新娘在迎親隊伍未到前，先與家中姊妹一同「食姊妹桌」（如圖3-26），也是表示婚前最後一次與家中姊妹聚餐話家常，從此要告別姊妹，嫁為人婦，成為另一家的人了。當迎親隊伍一到，女方家屬要燃放鞭炮相迎，男方則帶豬腳、雞、魚、轎斗圓給女方家屬以祭拜祖先。迎親隊伍初到時，新郎暫不出車，由女方家屬派遣新娘的弟弟進紅柑兩個，向新郎作揖，新郎收起紅柑，贈給紅包。新郎還要送來請岳父大人參加婚宴的十二版帖。之後女方家屬要請新郎，喝蜜茶、四果湯（冬瓜、紅棗、柿餅、蓮子）豬腰湯、雞蛋湯等，俗稱「吃筍湯」。陪同迎親的親友也喝雞蛋茶，取其甜蜜圓滿之意。

▲圖3-27　拜別父母。

2. 辭祖

當男方抵達女方家，將捧花交給房內的新娘後，請新娘出房門要上香拜別神明和祖先，稱為「辭祖」。新娘由好命的婦人或媒人牽引出大廳，與新郎男左女右合站在一起，再由女方的舅父或長輩點香祝福新人，再次點香由一對新人敬告女方的神明和祖先，並叩別女方的父母（如圖3-27）。

結婚的上午是在女方家，於女方神明廳前的神明香位和祖先牌位前。豬、羊、雞、魷魚、皮蛋、麵線、罐頭、酒、禮餅、喜糖、冬瓜糖、戒指餅（檳榔和冰糖）。敬神明用大箔壽金、壽金、禮金、福金；敬祖先用禮金、銀紙。

▲圖3-28　帶頭尾甜的甘蔗。

3. 上轎（上車）

一對新人辭祖後，便被引導準備離開女方家，依傳統習俗，女方要準備一支帶頭尾青的竹子（即取新鮮竹枝，頂端連有繁茂竹葉，尾端連有竹根），前端吊一塊豬肉，繫在花轎上，用以餵白虎星煞，免得危

▲圖3-29　父母以一盆水潑灑在地上。⑪

▲圖3-30　米篩遮頭頂。

94

▲圖3-31　黑傘遮頭頂。⑫

⑪彭椿榮，典藏單位：行政院文建
　會，Digital Photo Museum。
⑫陳翰穎先生拍攝作品。

害新娘，這是源自古代桃花女鬥周公的故事傳說；目前普遍以一對帶頭尾甜的甘蔗來替代（如圖3-28）。這時媒人和新郎要持「八卦米篩」放在沒有身孕的新娘頭上，以繪有紅色八卦、天定良緣、添丁發財等吉祥語句的米篩保護新娘，為新娘遮去在空中四處危害作祟的邪煞，共同扶持新娘上花轎或喜車，現代社會則多以轎車當喜車，只有少數舉行古式民俗婚禮者仍維持坐花轎。新娘若有身孕，則不宜以八卦米篩遮其頭上，因為怕八卦強大的法力會傷害懷中胎兒，而改以黑傘遮去邪祟。

　　新娘、新郎上喜車後，新娘則從車上擲出一把扇子，扇端下繫一只紅包，給女方家屬派出一人撿拾，因「扇」的音接近「散」，表示新娘從此與娘家散去，而女方的父母也以一盆水潑灑在地上（如圖3-29），表示「覆水難收」，意有女兒嫁出去了就像已經潑灑出去的水一樣，難以再收回來了，所以作此項動作也有取「希望女兒將來不會有離婚再回」來的不幸婚姻之意。

4. 出轎（下車）

　　當男方迎親隊伍將新娘迎娶返回後，昔日以花轎迎娶時，吉時未到會先讓新娘坐在轎內等候，等吉時一到，會先請一男童端兩個橘子來請新娘，取其吉祥如意之意，新娘則賞以紅包。然後新郎多會先以扇子在花轎頂上敲三下，然後腳踢花轎門三下，象徵給新娘一個下馬威，以後對丈夫會較柔順，而今改以轎車迎娶後已不再有此風俗。新娘下轎車時，會被好命的婦人手持八卦米篩（如圖3-30）或黑傘（用於已懷孕者）（如圖3-31）為新娘遮頭頂，並導引新娘踩破瓦、過火爐後，可謂達到驅邪及日後子孫昌旺的效果。

5. 拜堂

然後新娘被引導進入男方家的大廳，與新郎一同合站，並由男方的長輩或母舅主持「拜堂」的儀式，亦即入門敬拜男方的神明和祖宗，以及叩拜男方的父母，敬告神明與祖先從此家中添了一位媳婦的喜訊。由於客家人拜堂時多在祖堂上，所以拜堂時會在樑上多繫一對「添丁進財燈」。

▲圖 3-32　食圓

迎親後的上午在男方家會祭拜神明與祖先，慎重些的也會讓新人去拜祖祠。有牲禮、水果、罐頭、喜糖等供品。敬神明用大箔壽金、壽金、禮金、福金；敬祖先用禮金、銀紙。

6. 食圓和食酒婚桌

一對新人交拜完進入洞房後，新床上會放著竹篩，桌案上則放著一面銅鏡以壓邪。新郎以扇子揭去新娘的頭蓋，雙雙坐於鋪著新郎長褲的椅子上，俗稱「坐郎褲」，意味金玉滿庫以及早日得男。這時再由一位好命的婦人象徵性的餵新郎和新娘食湯圓（或加紅棗湯），或是端來湯圓給新人自己吃，有象徵圓滿甜蜜和早生貴子的意思，稱為「食圓」（如圖 3-32）。接著再備十二道六葷六素的酒婚桌，依然是由好命的婦人象徵性的餵一對新人吃每一道菜，並誦念吉祥詞句，取其好兆頭。當天晚上則有大型喜宴，昔日會請廚師在男方家宅附近空地辦喜宴，近代則流行到大型的飯店或餐廳舉辦結婚喜宴，宴前則邀請重要的主婚人、證婚人致詞祝賀一對新人。男女雙方同時宴請雙方親友同享喜宴，有些調皮搗蛋的親友等不到夜裡鬧洞房，便會在喜宴場合中，使出各種點子來取鬧這一對新人，讓他們留下難忘的記憶。散席後，在男方家大廳內會聚集親友，由新娘一奉茶，親友則以紅包回贈答禮，稱為「壓茶甌」或「吃茶」。

▲圖 3-33　歸寧設宴款待女方親友。

▲圖 3-34　帶路雞禮籃

三、婚禮後

1. 出廳

　　古代新人結婚第三天後，新娘才正式出廳拜見夫家的神明和祖先，稱為「廟見」，同時正式拜見公婆，並向公婆奉茶問安。此日起也象徵的下廚煮東西給家人吃，或進行餵雞等家事，這天女方兄弟會攜帶禮物與結子的紅花來探望初嫁的姊妹，稱為「舅仔探房」或「探花」，新娘取下原來頭上的花，再把兄弟攜來的紅花帶在頭上，稱為「換花」。

2. 歸寧（回門）

　　新婚後數日，新婚夫婦一同返回女方家作客，稱為「歸寧」或「回門」（如圖 3-33）。新人攜帶禮品敬拜女方家中的神明和祖先，岳父母準備午宴款待，女婿則需準備紅包贈送女方親友。當要辭歸時，女方要準備糕餅、雛雞兩對或一對及一對甘蔗讓新人攜回男方家，稱為「帶路雞」，主要是讓雛雞繁衍子孫故不可以吃，也意寓新人將來會像雞一樣繁衍子孫。現代已不盛行送真的雞，而是改成裝飾用的帶路雞禮籃（如圖 3-34）。

　　上述為漢民族傳統的婚禮禮俗，近代也有一些新人為符合現代社會的步調，節省時間、金錢，或不喜歡繁瑣的傳統婚俗，常採取公證結婚，或參與機關團體、宗教團體主辦的集團結婚（如佛教婚禮、或統一教派的婚禮），接受重要的政府首長或宗教領袖的證婚祝賀。另有因接受西方宗教如基督教、天主教、回教等信仰影響的，因而放棄漢民族的傳統式婚俗，而接受外來宗教的婚俗禮儀。

第二節　現代化中式婚俗

　　今日時下訂婚是女方的重頭戲，一般男女雙方訂婚習俗若有差異，大多以尊重女方習俗為主；而結婚習俗則以男方為主。訂婚並不具法律效力，若有慎重的訂婚儀式，會以喜餅昭告親朋好友，也會套上婚戒，藉以增進男女雙方對於認同感的提升，籌備婚禮就更有默契。

一、新郎倌上路

1. 貢禮官

　　男方新人邀集押箱先生「古稱貢禮官」，專門負責禮聘事宜。貢禮官必須控制人數（湊成雙數）、車輛（六輛或十二輛）（如圖 3-35）、聘金（雙數且用紅紙包裝妥當）、六件禮（用木盛打點好）。現代人簡化訂婚禮俗，大多由父母或家人湊數六人或十二人（忌諱四或八的數字）。

2. 紅包

　　紅色討吉利，出發前貢禮官除了打理人數、車數、聘禮外，也得提醒新郎多準備紅包。如：前來開新郎車門的舅爺、「壓桌」、六名隨去的親友人人都需要有新娘見面禮（紅包）、此外還有捧洗臉水的女方親友、媒婆禮等。

3. 家祭

　　出發前往女方家納采之前，男方先行在家祭祖儀式，這時將納采所用之「盒仔餅」或大餅，上香祭告列祖列宗，將前往女方家下聘，請列祖列宗保佑這段姻緣美滿幸福。

▲圖 3-35　禮車⑬

⑬陳翰穎先生拍攝作品。

4. 出發

行完家祭後，貢禮官負責將所有聘禮搬上車，新郎與媒人同乘一車，前往女方家。

二、訂婚進行式

1. 女方迎接

男方納吉（采）人群到達新娘家前時，須燃放鞭炮，而女方也應引一串鞭炮迎接，由媒人婆先下車，再由新娘的兄弟一名替新郎開門，並端洗臉水讓新郎洗手、擦手，新郎回以紅包答謝。

2. 進入大廳

媒人介紹雙方家長親友認識，此時，媒人必須說些吉祥話，以增加喜氣。雙方親友以藉此機會彼此認識、寒喧一番。

3. 禮聘下車

由貢禮官將聘禮搬下車，詢問女方擺至何處才妥當，並列清單，交由新娘之兄弟。

4. 祭祖

女方在接受男方聘禮之後，敦請一位福壽雙全的長輩，在列祖列宗神位前進行點燭、燃香、獻餅、獻禮（為男方送來之餅與禮）。由女方主婚人及新娘祭祖及默禱男方賢能、女兒幸福。

5. 捧茶（壓茶甌）

此刻正式進入訂婚儀式，由媒人擔任司儀。準新娘由媒人或家族中較具福分的女性長輩陪同下，捧「甜茶」獻請前來納采的男方親友，此時男方親友乘機端詳新娘容貌、舉止、態度。甜茶飲畢，準新娘再捧出茶盤收杯子，男方來客，就在此時依序地回贈紅包，連同茶杯一起置於茶盤，俗稱「壓茶甌」（如圖 3-36）。

▲圖 3-36　捧茶（壓茶甌）

6. 戴戒指

準新娘再度由媒人牽出，坐在安置於大廳的椅子上（如圖3-37），腳放在小凳上，面朝外，若是招贅，面朝內。新娘坐穩後，就由新郎取出事先預備好繫有紅線的金銅戒指，套在新娘的右手中指上，戒指上繫紅線，寓有聯結之意，而銅戒指的「銅」與「同」諧音，取「永結同心」之意。

▲圖3-37　戴戒指

7. 新人結成親家

儀式進行到此，可謂大功告成。這時，女方應燃放鞭炮，雙方親友互相道賀讚美。雙方家長至此結為親家，相互祝福，共嚐喜餅，也同時分享親友。

8. 相互慶賀

儀式完畢後，由女方設宴款待男方來客（如圖3-38），但酒席應由男方付給「壓桌禮」紅包。訂婚宴中，準新郎和新娘坐首席，雙方親友則依輩分、地位、年齡入席，酒席進行一半，新郎和新娘應至每桌向前來祝賀的親友敬酒。

▲圖3-38　女方設宴款待男方來客。

9. 宴末別說再見

訂婚宴結束後，男方應儘速離去（在男方離開時，不可互相道「再見」，因為下聘怎容再見第二回）。男方親友不宜久留，女方則在男方離去前，回贈幾項禮。

10. 上香報告祖先

男方納采回到家，要行告祖上，上香、祭拜，告知所有納采禮節完成，而後男方就女方回禮之喜餅，分贈諸親友。

▲圖 3-39　祭祖[14]

▲圖 3-40　新娘放扇

三、結婚進行曲

1. 娶新娘

(1) 祭祖（如圖 3-39）

男方在出門迎娶新娘以前，應先祭拜祖先。

(2) 迎親

新郎＋媒人＋儐相（六或十二人）隨車前往女方家。燃炮。迎親車隊前往女方家途中，一路燃放鞭炮以示慶賀。

(3) 姊妹桌

新娘與姊妹、閨中女友一起吃飯，以表依依不捨之情，大家說些吉祥話，祝福覓得好郎君。

(4) 喝甜湯

女方備甜湯（茶）給新郎及迎親賓客喝。

(5) 祭祖

新娘拜神明、祖先，叩別父母，接受新郎獻花，依擇定吉時隨新郎，並由「年高多福」好命人扶持上車。伴娘也隨車前往。

(6) 出嫁

放爆竹，關門，以示不歸。離開前由女方家長輩將碗水潑在地上（示不歸）；新娘放扇（如圖 3-40），表拋下壞脾氣，且在車子之後蓋「竹篩」以象徵繁榮。

(7) 報喜

迎娶車隊應於途中燃放鞭炮，以報喜訊。

2. 新娘到了

(1) 快到家前應放鞭炮，以告知家中，準備接娶新娘來到。媒人先下車口唸吉祥話。

(2) 新郎用扇子在車頂打三下，又用腳踢車門三次，再由小男孩捧福橘請新娘下車；表吉祥吉利，新娘以紅包答禮。

[14]陳翰穎先生拍攝作品。

(3) 新娘下車（如圖 3-41）由好命婆持竹篩或黑傘覆在新娘頭上，引導新娘過爐火、踩瓦片、敬茶，男方家中之長輩將新娘介紹給家人認識，並求家中興旺及生貴子。

(4) 敬茶拜祖，新郎新娘，與家人一起祭祖，再拜見父母與家人，吉時送入洞房。

(5) 洞房過程要點如下：

- 入洞房，米篩（如圖 3-42）放在床上。新人一起坐在預先墊有新郎長褲的長椅上，褲子下可放錢幣，表示生財、坐庫，從此兩人一條心。
- 新郎和新娘喝交杯酒（如圖 3-43）。
- 新人吃新娘圓（黑棗、花生、桂圓、蓮子吉祥材料做成的甜湯，象徵「早生貴子」）。由好命婆幫忙新人互挾甜湯，並說吉祥話。

▲圖 3-41　新娘下禮車。

▲圖 3-42　米篩

▲圖 3-43　喝交杯酒

註4

新床在婚禮當天，任何人都不能坐。

當天未睡覺前，新娘不可躺下。

新人可利用喜宴空檔時間與家人朋友拍照留念。

第三節 其他婚俗

一、入贅婚（招贅婚）

　　傳統的漢民族社會中，因家中僅生女兒而無男嗣時，或是捨不得女兒離開父母身邊者，為傳承子嗣香火，便會採取入贅婚或稱招贅婚（如圖 3-44）。一般願意入贅的男子，往往是家境較為貧窮。招贅婚又可分為「招婿」或「招夫」兩類，「招婿」是指自己的女兒或養女已到適婚年齡時，為女兒招一位異性的男子做為女婿，以傳宗接代，並可奉養長輩；「招夫」是指寡婦或獨生女，因家中欠缺可以當家的男子來照顧公婆和子女，因而舉行招夫的儀式。

　　招贅婚的習俗又可分為「入門進贅」、「招入娶出」、「半招娶」三類，「入門進贅」是指入贅的男子永遠駐在女方家，奉養女方的雙親，所生的子女則分別繼承男女兩家的姓氏，以及祭拜兩家的祖先，並可繼承女方的財產。「招入娶出」是指男子雖然名為入贅，並需奉祀女方的祖先牌位，其條件是願意奉祀女家祖先與照顧女方年幼的弟妹到成人，便可將女兒娶出去，並且分一些財產當嫁妝。而「半招娶」是指以較少的聘禮來完聘，並約定幾年內住在女方家（例如照顧女方家年幼的弟妹到成人），直到約定期滿即可率妻與子女搬出去住或繼續同住。

▲圖 3-44　入贅招親⑭

▲圖 3-45　神主牌

二、冥婚

　　臺灣民間社會所保存的宗教習俗，目前正處於劇烈的社會文化中，遭遇到前所未有的強烈衝擊，因而引起生活習慣、宗教信仰的鉅大變化。不過其中一些深植於民間傳統信仰的習俗，卻能堅持的繼續存在，冥婚即為其中之一。

　　冥婚即活人和神主牌（如圖 3-45）舉行結婚典禮。舉行冥婚有二種情形：一種是相戀的情人，女方突然

因故去世，男方基於情義將其迎娶回家，當做活人一樣的相待。另一種是女孩自小即病逝，等女孩長到適婚年齡時會托夢給家人，要家人為其尋覓一歸宿，其家人只好想方法為其尋找一位伴侶而舉行冥婚典禮，其儀式和活人完全一樣。

當家人接到女兒的託夢，則在人行路上放置亡女的庚帖（婚禮納聘，男女雙方互換開具姓名、年齡籍貫、三代之帖），而當有青年拾得後，在娶「活新娘」之前，即先娶「亡新娘」的「神主牌」和「紙身」（以紙糊成，約三尺高，內著桃紅色天鵝絨衣裙，外披白紗結婚禮服，足登褐色高跟皮鞋，雙手套上一對金質手環，手指掛了十幾只由親友致送的金戒指，臉上並經過化妝）。同日再娶一位「活新娘」。因「亡新娘」由於訂親和結婚均在「活新娘」之先，所以在名義上「亡新娘」是元配夫人，而「活新娘」則成為續弦夫人。

神主牌是亡故的祖先或家人之魂所居住的地方，象徵其人格，故也可以嫁娶，神主牌是亡靈所依附的地方，所以不可以輕易毀損破壞。

在漢人傳統習俗中，當年輕未婚的男女死亡後，不可列入家中的祖先牌位，經過數年已達適婚年齡時，已故子女可能透過托夢或讓家人生病，經請示神明，才得知要為他們找一門親事，這便是「冥婚」。若是已故的女子，其父母便準備一個紅包袋（如圖 3-46），裡面放一些錢，找個適當的路邊放置著，再躲在一旁等待有緣的人來撿拾紅包，並要求對方娶其女兒的神主牌，也會贈送男方一些金錢做為嫁妝。當雙方談妥後，便會擇個黃道吉日，由媒人或加上新郎帶著簡單的聘禮到女方家送定舉行訂婚，並在女方的靈前燒香（如圖 3-47）祝禱告知訂婚的喜事已完成。等到結婚的吉日到時，再由媒人把包著紅布的女方神主牌位放在

▲圖 3-46　紅包袋

▲圖 3-47　燒香

▲圖 3-48　祭拜新娘⑮

五升斗中，送入新娘轎或新娘車中，而媒人另坐一部轎車，帶著嫁妝一起送到男方家舉行結婚儀式。結婚喜宴上，在新郎身旁則擺著一雙空碗筷，留下新娘的空位，象徵一起參與喜宴。神主牌娶進後，要放在洞房內三天，每天早晚由新郎上香，新房床上也要為新娘留下睡覺的空位。三天過後神主牌才遷到正廳，等到適當時日，才把新娘的名字列入祖先牌位中，正式接受男方香火的祭拜。冥婚所娶的新娘，仍為男子的元配，即大房，若日後男子再娶活人為新娘時，則被視為二房，且第二任的妻子要尊稱前者為大姐。以下簡述臺灣冥婚儀式：

1. 點主奠奉

俗稱「調路位」，即由法師於良辰吉時為家屬書寫亡女生辰八字及姓名（未命名者則當場由父母或法師命名）於木主靈位，並為其點主，使亡魂憑依於木主，由母家請回設香案暫時安奉於「廳間」（非廳堂房間，大都為雜物間或倉庫房），並由其家中晚輩奉祀香火。

2. 請期訂婚

由法師擇日，男主角準備禮物和一金一銀戒指，由媒人陪同前往女方家，先由其親人代替女主角奉上甜茶後，再由其家人上香向其神主說明後，男主角在地府媒人的協助下，以紅線將一雙戒指掛於從「廳間」移來暫時安奉於廳堂之神主前香爐耳上。

3. 婚前準備

冥婚前一日主要是祭拜，祭拜對象有三：(1) 祖先：向祖先說明「嫁女」事宜，(2) 地府媒人：感謝其幫亡女媒介對象，(3) 新娘：希望其靈魂能安定，並護祐兩家人（如圖 3-48）。祭拜時間是黃昏，除祖先向內拜

外，後二者方位是拜出，拜完後是燒化事前準備紙糊
嫁妝和配帶飾物，包括：十二套衣服及傘、胭脂、水
粉、鏡、錶、梳妝臺、電器、沙發、房子（以上皆可
燒化），金鍊，戒指，珠鍊（前三項掛於如真人般大
的紙糊偶人身上）等十二樣。媒人於此日送來紙糊新
娘，將祭拜後的神主安放於木製圓米斗中，米斗之底
鋪紅紙、周圍亦圈上紅紙，再以紅絲巾蓋於紙新娘頭
上，紙新娘著類似活人之新娘禮服，穿紅皮鞋，以坐
姿置於圓凳上，一直到「上轎」時刻都要有家人於廳
堂陪伴守護，其爐前香火不可中斷。

▲圖 3-49　香爐

4. 迎娶儀式

　　迎娶時間是凌晨 01:00 ～ 03:00，新郎由女巫陪伴
上香，先拜女方祖先，後拜新娘紙偶人（神主所在），
然後安放新娘香爐（如圖 3-49）於「謝籃」（如圖 3-50）
中，左手提謝籃，右手抱偶人於吉時上轎（車）；沿
途不鳴炮，快到新郎家前要叫新娘名字，告之其「家」
將至。車於門庭停下，媒人於前帶領，邊走邊撒「鉛
粉」（染成紅色，閩南語同「緣分」），到正廳門口先
燒二捆禮金請門丞戶尉（門神）笑納，進入大廳再次
撒鉛粉，此時媒人口中並念好話，其詞為三對句（閩
南音）：

　　鉛粉灑入廳，錢銀滿大廳。
　　鉛粉彭彭飛，錢銀滿廳間。
　　鉛粉往上灑，生子生孫中狀元。

　　然後等預定的時辰一到，新郎將新娘偶人迎進房
間，此時房間已預置兩張椅子，偶人置於椅上，接著
由其丈夫協助作出「吃頭尾茶」的象徵動作，新郎再
拜奉「二碗湯圓」，最後由媒人協助掀起新娘紅頭紗，
讓兩者共處一室。當晚入睡時，其夫原有之妻，則另
處別室。

▲圖 3-50　謝籃

▲圖 3-51　發糕

▲圖 3-52　燒銀紙

5. 安座入廳

隔天早上六時，媒人主持火化紙糊偶人，並將其神主牌位置於夫家祖先神主之右側，媒人代娘家為新娘準備六杯酒、六雙筷子、六個紅湯圓、六個發糕（如圖 3-51），然後以祭物將祖先與新娘兩者神主圍繞於圓心。十時左右夫家再作飯菜供奉二者，並燒銀紙（如圖 3-52）給祖先及新娘，其夫擲筊得到祖先應允後，將新娘神主安座於祖先右側神桌上，並接受新郎原有妻室禮拜：活妻踏在椅子上拜，口念：「腳踏椅，小妹拜大姐。」鬼妻身分升格為正房，活妻成為偏房，若已有子女者便「過繼」活妻之子給鬼妻，向神主奉祀。

第四節　十九世紀時期

一、飯店婚禮

是目前最普遍的方式，由證婚人、主婚人說些吉祥話，然後大宴賓客，方便又有效率，也不失熱鬧。而一般在喜宴上的儀式如下（如圖 3-53）：

1. 結婚典禮開始，奏樂。
2. 證婚人、介紹人、來賓、主婚人及親屬入席、
3. 男女儐相引新郎新娘入席。
4. 證婚人宣讀結婚證書（如圖 3-54）。
5. 新人、證婚人、介紹人、主婚人用印。
6. 新郎新娘交換信物。
7. 新郎新娘相向行三鞠躬禮。
8. 證婚人致祝詞。
9. 證婚人授給結婚證書。
10. 雙方主婚人率新郎新娘向證婚人、介紹人致謝三鞠躬禮。

▲圖 3-53　飯店婚禮[16]

▲圖 3-54　結婚證書[17]

[16] 黃亮閩先生攝影作品。
[17] 民俗文化趣談 —— 婚嫁（二〇〇四）
　　作者：完顏紹元，萬里書店出版。

11. 男女儐相引新郎新娘退席

12. 奏樂、禮成

二、法院婚禮

　　婚禮儀式的程序大致與飯店行禮相同，但來得更簡易些。如新人有意節省在婚禮上的費用，便可考慮公證結婚。它的申請手續有：

▲圖 3-55　公證結婚

1. 申請公證結婚（如圖 3-55），除了特殊情形，必須在結婚前三天於上班時間早上 8：30 ～ 11：30 下午 13：30 ～ 16：30 向地方法院公證處登記。

2. 公證結婚時間由申請人指定，星期一至星期五－每天早上 10 時、11 時及下午；星期六、星期日及國定假日－上午 10 時及 11 時。如所申請之日結婚人數過多，則改在規定時間自由選定。

3. 申請登記時，應由參加者攜帶新郎新娘及兩位證人之國民身分證之正本及印章和證人身分證之影本。未成年人結婚，應得法定代理人之同意，登記時請攜帶其身分證及印章。

4. 若是外籍人士或華僑，則須帶護照或僑居地的身分證件及未婚身分證明書。外國人之未婚身分證明書應經我國外交機關驗證。

5. 軍人須提出主管批准的婚姻報告表正本與複印本一份，以備核對與存查。

6. 公證手續費用包括：公證請求書一份 2 元、結婚公證書各四份 20 元，結婚證書英文譯本 2 份 18 元（不需者可免購）、證書封套一個 10 元，抄錄費 54 元、公證費 90 元，需英文證書者另繳翻譯費 54 元，此外不收任何費用。

7. 參加婚禮人員，應服裝整齊，新郎新娘穿不穿禮服，一律歡迎（結婚證人應年滿 23 歲，並能簽寫自己姓名者）。

8. 法院於儀式禮畢後，交付新人結婚公證書正本二份及繕本一份，作為申報戶籍婚姻登記用。

9. 各地方法院公證處均可辦理。

三、集團結婚

參加由省、市政府主辦的集團結婚，或事業單位主辦，也不失為一節省、熱鬧的方式。婚禮禮序與公證結婚相同，不但省了一些花費，甚至還有份隆重的厚禮，而熱鬧氣氛也是其他婚禮少有的（如圖 3-56）。

▲圖 3-56　集團結婚

1. 申請者可以向戶籍所在地的區公所民政課（或縣市府民政局）洽領申請表二份。

2. 男女雙方再準備最近一吋相片各二張、身分證、私章（如圖 3-57），未設籍者要有服務證明書，及其他相關證明婚約誠意的有效證件（如：離婚證明書，軍人婚姻報名表等）。

▲圖 3-57　私章[18]

3. 申請表格審核通過參加婚禮者，不得半途退出，民政局會於典禮前定期邀請新人舉行座談會，詳細說明婚禮進行程序。

4. 婚禮當日，當事人帶身分證與私章準時報到。新郎須穿著中山裝或西裝，新娘穿著白紗禮服參加典禮。儀式進行中，還得請親友克制一下情緒，勿進入新人站立的行列攝影，以維持現場秩序。

▲圖 3-58　軍人婚禮[19]

四、軍人婚禮

軍人的結婚（如圖 3-58）是另一種風格，手續上略有不同，必須填寫「結婚報告表」之公文到隸屬軍事單位申請，奉准結婚後才能結婚。而結婚報名表，是軍人結婚一道必須查驗的手續，主要在於過濾女方的家世背景，因為想成為軍人眷屬必須身家清白、未婚資格。

109

▲圖 3-59　教堂婚禮[22]

▲圖 3-60　禱告[21]

▲圖 3-61　佛教婚禮[22]

⑳ 黃亮聞先生攝影作品。
㉑ karmapa.com.hk
㉒ www.ain_taipei.com

五、教堂婚禮

　　如果新人為基督徒或天主教徒時，可採用教堂觀禮的方式，由牧師或神父證婚，在莊嚴的宗教儀式下去體會婚姻的神聖使命，在聖歌中完成人生大事。若新人本身是教徒，或對教堂熟識者，在借用教堂時，通常能得到優先登記。整個教堂婚禮（如圖 3-59）的結婚禮序大致為：

1. 來賓入席。
2. 奏樂結婚進行曲、親友點蠟燭儀式
3. 牧師領唱詩班進場，主席（牧師）宣召婚禮開始
4. 伴郎、新郎、伴娘陸續進場
5. 女方家長執新娘進場（全體起立）
6. 女方家長入席
7. 唱詩班吟唱聖歌（或有關婚姻的歌曲）
8. 禱告（如圖 3-60）獻詩
9. 牧師（神父）證婚
10. 新郎新娘（主婚人、介紹人）用印
11. 新郎新娘互戴婚戒、宣誓
12. 揭紗
13. 獻詩（祝福的話）
14. 謝恩（向雙方家長獻花或行三鞠躬，向來賓致謝）
15. 禮成
16. 茶會有晚宴

六、佛教婚禮

　　佛教是臺灣最普及的宗教之一，近來，很多名人舉行佛教婚禮；成為大眾注目焦點，佛教婚禮的過程也為新人所關心，以下是一般佛教婚禮的程序：（如圖 3-61）

1. 新郎新娘佛教婚禮
2. 介紹人主婚人證婚人禮佛入席（擊鼓）

3. 新郎新娘禮佛入席（結婚進行曲）

4. 請起立，唱香讚（請合掌），請坐下

5. 證婚人為新郎新娘宣誓

6. 新郎新娘行結婚禮（面對面，揭紗，行三鞠躬，請復位）

7. 證婚人宣讀結婚證書

8. 新郎新娘用印

9. 主婚人、介紹人、證婚人用印

10. 證婚人為新郎、新娘交換禮物

11. 新郎新娘向主婚人行敘見禮

12. 新郎新娘向親屬行敘見禮

13. 恭請大師開示（如圖 3-62）

14. 介紹人暨來賓致詞

15. 主婚人致謝詞

16. 新郎新娘向證婚人與介紹人禮謝，各一鞠躬

17. 新郎新娘向來賓禮謝，一鞠躬

18. 新郎新娘向主婚人禮謝，一鞠躬

19. 唱佛教婚禮祝福歌

20. 禮成（攝影留念）

七、新潮婚禮

在一切講求效率的現代社會，有許多人不願連一生可能只有一回的婚禮流於「公式化」，於是寧願選擇自己所喜愛的方式結婚，打破以往傳統的觀念、做法，這不但能達到歡樂自己、娛樂別人的目的，也讓剎那間的婚禮是別樹一格、與眾不同。例如：空中彈跳、跳降落傘、坐熱氣球空中行禮（如圖 3-63）、到迪士尼進行童話世界婚禮、騎馬行禮等。

八、聯婚婚禮

聯婚婚禮（如圖 3-64）的意思，即把訂婚儀式簡化，擁有傳統婚禮的感覺同時亦比較簡單方便。但要

▲ 圖 3-62　恭請大師開示㉓

▲ 圖 3-63　空中熱氣球婚禮㉔

▲ 圖 3-64　聯婚婚禮㉕

㉓ karmapa.com.hk
㉔ 攝於集團結婚活動現場照片，臺灣。
㉕ 黃亮聞先生攝影作品。

注意，一般聯婚都是男女雙方家族一起宴客，爲了避免不必要的爭吵，所以酒席的支付與收禮的情況都要預先溝通好。

一般比較普遍的程序如下：

1. 選個好日子

擇日過禮及結婚。

2. 過大禮

於婚期前約一至三個星期前過大禮，即男方由媒人及親屬陪同下，把所需聘禮聘金送至女方家，應備聘禮及回禮請參看訂婚之雙方應備禮品，至於儀式的程序跟傳統婚禮儀式一樣。

4. 聯婚喜宴

喜宴的部分，可於簽名處（如圖 3-65）男女雙方各派 2、3 個代表招待賓客。

5. 費用計算

一般來說，都是男女雙方預先預算好席數，男方以現金紅包（稱酒桌禮）預先給付。到婚宴完畢後，男女雙方各自付酒席費。禮品禮金方面，通常是各收各的。

▶ 圖 3-65　喜宴簽名處

本章習題

1. 請問何謂冥婚？

2. 請問中國傳統的婚姻禮俗有所謂的六禮，指的是什麼？

3. 請問新人辭祖後，便被引導離開女方家，此時新郎要持「八卦米篩」或「黑傘」各是什麼原因？

4. 請問臺灣目前有哪些常見的西式婚禮？

第四章　臺灣西式婚紗禮服的演變

▲圖4-1　正紅色的中國婚禮服。

▲圖4-2　為一八九五～一九○一年臺灣當時新娘的結婚服式。[1]

① Claire Roberts (2002), Evolution Revolution-Chinese Dress 1700S-1990S, Powerhouse Publishing.

　　婚禮是世界各國自古以來就存在的儀式，但新娘在婚禮上穿婚紗的歷史不到二百年時間。西方社會的新娘所穿的"下擺拖地的白紗禮服"原是天主教徒的典禮服。由於古代歐洲一些國家是政教合一的國體，人們結婚必須到教堂接受神父或牧師的祈禱與祝福，這樣才能算正式的合法婚姻，所以，新娘穿上白色的典禮服向神表示眞誠與純潔。同時白色也代表了女子的貞潔，女孩子在婚前一定要守身如玉，這種想法也反映在新娘穿著的禮服顏色上。過去有的地方就規定，白色婚紗是少女的權利，而二度婚姻或已失身的女子是不能穿白色婚紗的，因爲人們認爲，結婚那天的新娘應該是最純潔、最美麗的，而白色是唯一能和她的純潔美麗相配的顏色。

　　在中國社會，婚禮俗稱小登科是人生中重要的日子，因此無論在材質或裝飾功夫上皆要一般禮服更爲盛重，此時也能允許大家越級身分的穿戴。清末民初女子婚禮服式雖與一般盛裝相同，僅色彩爲正紅色但其材質或裝飾方面更顯華麗（如圖4-1）。由內而外可分爲三部分：外衣—鳳冠霞披或盤頭衫褲；中衣——上頭衫褲，及內衣—肚兜。男子於婚禮時亦可越級身分穿戴九品官服：袍、掛及頂戴；中下階層者便簡化成深青色服式：長袍、馬掛及碗帽。至於臺灣在一九一○年代（民國）以後，傳統婚姻，須遵循「父母之命，媒妁之言」不但要「門當戶對」，還得「八字相合」婚姻的規矩很多，大致上必須遵照「六禮」，最後才能請期，親迎。在臺灣傳統的新娘禮服中（如圖4-2），新娘除了在貼身的上衣和褲子之外，上身穿著一件大紅衫，再披上一件霞佩，肩膀兩側再披掛響肩。下半身則圍上一條響裙。所謂「響肩」與「響裙」，是在衣擺與裙擺處縫上鈴鐺，新娘走動時就會發出聲音。

新娘的頭髮則梳成髻，插上兩枝紅色花簪，再戴
上以金銀珠玉作成的鳳冠，鳳冠前面垂有瓔珞，可從
前額往下覆蓋至下巴，身上再配戴各式金銀玉環首飾。
早期的婦女多半纏足，穿著繡花弓鞋的三寸金蓮外，
再套上大紅鞋。 一般富貴人家的閨女出嫁時都會如此
盛裝打扮，普通人家嫁女兒時新娘多半只穿著大紅長
衫，頭上披著鮮紅頭巾，耳旁插上一朵鮮花。

日本人據臺之後，受西化影響，婦女不再纏足，
臺灣人的教育水準普遍提高後，男女間亦能公開交往，
知識階級對婚姻的自主性自然重視，年輕人也開始流
行「戀愛風」。至於婚禮，從古典慢慢改良式，讓繁
複傳統禮俗的過程簡化不少（如圖 4-3）。二○年代，
身掛紅花，騎馬迎親的新郎已經非常少見，不過當時
多數的新娘還是鳳冠霞披，乘坐花轎出閣。三○年代
起才漸漸有穿著燕尾西服的新郎和頭戴白紗手捧鮮花
的新娘舉行西式婚禮，拍結婚照時有些花童亦是不可
或缺的人物，當時男儐相也是西裝筆挺，但女儐相卻
不多見。時代的發展，女孩們已不能滿足於單一的婚
紗顏色，她們在婚禮時大膽的披上各色婚紗，恬靜的
藍、亮麗的紅、高貴的紫等，很多新娘還會在婚禮當
天不同的時刻換上不同顏色的婚紗（如圖 4-4），多種
的色彩充分體現了新娘不同的性格，新娘在這個屬於
她們的日子裡分外的光彩照人。但在婚禮當天的正式
場合，白色婚紗直到今日仍然是大多數新娘的首選。

自古以來，男大當婚女大當嫁，而婚禮的種種儀
式也會隨著政治與局勢背景更迭有所不同。十七世紀
初期，外來勢力逐漸入侵臺灣，包括：西班牙、荷蘭、
明鄭與滿清等政治勢力先後交替。臺灣自從大批漢人
移入後，婚嫁習俗大多依循傳統漢人古禮（如圖 4-5 和
圖 4-6），雖說居住在西部、北部平原與溪流的「平埔

▲圖 4-3 攝於一九二六年至一九四五
年期間。[2]

▲圖 4-4 婚禮中新娘所變換的禮服。

▲圖 4-5 是中國大陸於清末民初的一
張新人照片。[3]

②徐長鎮先生，行政院文建會收藏。
③攝於上海某一藝廊外海報架上。

▲圖4-6　是一九一一年在臺灣的男女傳統婚禮服式。④

▲圖4-7　日式和服。⑤

▲圖4-8　中國傳統古禮結婚風俗繁多。⑥

④Claire Roberts (2002), Evolution Revolution-Chinese Dress 1700S-1900S, Powerhouse Publishing

⑤reprinted from: women.sohu.com

⑥民俗文化趣談‧婚嫁（二〇〇四）作者：完顏紹元，萬里書店出版。

⑦盧亨如女士提供。

族」逐漸與漢族融合，但仍有少數保留傳統習俗與語言，以險峻高山為聚落的高山族群，則拒絕與漢族同化，過著自給自足的生活，直到日據時期，受到日本政府政策及文化衝擊，新人改穿日式和服（如圖4-7）。從清朝消極的「撫番」到日本積極的「理蕃」，古老的原住民生活方式消失殆盡。第二次大戰後，國民政府推動「平地化」政策，利用遷村方式把深山部落移往山麓，大中國思想的教育政策，更把原住民的語言、文化和傳統思想連根拔除，到了現在的全盤西化，不同的歷史階段皆有不同的婚禮風貌，充分展現了臺灣多元包容的歷史性格與文化形式。

在早期，因傳宗接代的觀念深固，婚嫁（圖4-8）被視為人生的重要關卡，必須認真依循古禮來進行。儘管不同族群之間的風俗仍有所不同，但大致上本著周公所制之禮為依據，也就是納采、問名、納吉、納徵、請期、親迎等六禮。

清代的結婚禮服完全承襲中國漢式的傳統，新郎頭戴官帽或瓜皮帽，身上穿著長袍外褂，外褂上頭繡有祥獸，新娘則頭戴垂著瓔珞的珠冠，身披大紅襖袍（如圖4-9）。日治初期，臺灣人受殖民文化的影響不深，仍舊維持原有的漢式傳統服飾，比較熱鬧的城鎮

◀圖4-9　是一九一九年「五四」運動前，中國人結婚崇尚紅色，新人絕對不允許穿白色衣服，圖中新人的合影，男穿長袍馬褂，女則穿長襖袍。⑦

裏則出現了人力車與三輪車，而這項新興的交通工具便成爲迎娶的主要交通工具之一。到了日治中期，臺灣受西化及第一次世界大戰日本經濟景氣復甦，帶動服裝業的蓬勃發展的影響，新郎改穿西式的黑色禮服、頭戴禮帽，新娘改穿及膝洋裝或裙擺及地的白色西式禮服，手持捧花、頭戴白紗（如圖 4-10）。不僅在樣式上全盤西化，在顏色方面也顛覆了傳統所認定的喜慶色系。臺灣人在強勢的外來文化之下，原有的傳統婚俗，不免受到日式婚禮服飾與西洋婚禮服飾所影響，現今呈現著多樣文化雜揉並陳的狀態。

▲圖 4-10　西式婚紗禮服。⑧

第一節　荷蘭人統治的時期

　　一六二四年荷蘭人入侵臺灣之後，荷蘭在臺灣建立起殖民地（如圖 4-11），臺灣就成爲了荷蘭亞洲貿易及統治網的一部分，荷蘭人這張網在東方有九十多個據點。臺灣最初由西班牙人占領，後遭荷蘭人逐出臺灣。荷蘭人統治臺灣期間，臺灣本地除了荷蘭人之外，還有其他的種族居住，如歐洲不同國家的顧庸者、南洋土著、日本人、中國人及原住民等等，爲了管理原住民，荷蘭實行武力鎮壓（如圖 4-12），如攻擊麻豆社（Mattau），屠殺小琉球（Lamey），焚燬東西螺社(Davole)和虎尾(Favorlang)，原住民不得不屈服。直到一六六一年鄭成功驅兵攻打荷蘭人，荷軍在一六六二年二月一日投降，荷蘭人統治臺灣三十八年後終於畫下句點，在此期間其所形成的衣飾文化，基本上除了維持西歐當時的服飾制度之外；還保持著臺灣原住民的服飾（如圖 4-13），以及來自中國漢族的服飾（如

▲圖 4-11　荷蘭亞洲貿易及統治網的一部分。⑨

▲圖 4-12　荷蘭人武力鎮壓原住民。⑩

⑧ wedding.wedding channel.com
⑨ asu-edu/clubs/tss/library/ch2/ch2-1.htm
⑩ asu.edu/clubs/tss/library/ch2/ch2-1.htm

▲圖 4-13　原住民⑪

▲圖 4-14　中國人⑫

圖 4-14）。使得臺灣服式形成三類互爲獨立而不同系統的服飾文化。

　　由於荷蘭人在政策上無心將臺灣居民教化成爲“荷蘭人”，他們在臺灣的目的是要把臺灣當作其在遠東經濟勢力下，一個可供貿易轉運站的一個重要據點（如圖 4-15）。因此西方文化在當時，並未對臺灣的服飾文化造成任何的內化影響。臺灣在一六六一年，由明朝遺臣鄭成功（如圖 4-16），率軍逐退荷蘭人之後，從此不但結束荷蘭人在臺灣三十八年期間的政權，也開始建立起一個以中國漢文化爲主體的鄭氏王朝。換言之，這是臺灣社會正式進入到“以漢人爲核心”的時代。有關臺灣地區居民的服飾發展，由於受到大陸閩南一帶移民來臺的漢族人口日漸增加的影響，也很自然的把中原漢族文化傳播到臺灣。

　　繼之，由於明朝鄭氏王朝的結束，使得臺灣的政權進而產生轉變，轉而進入到清朝統治時代。縱觀清代治臺期間，清代大批移民從閩、粵等地來臺，帶來了中國內地的習俗文化，因此臺灣民間的傳統服飾，與中國傳統服飾文化有密切的關連。

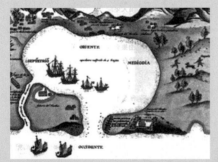

▲圖 4-15　在荷蘭統治之下，臺灣成為貿易轉運站。⑬

⑪ 世界的傳統服飾，文化出版局。
⑫ bbs.163.com
⑬ asu.edu/clubs/tss/library/ch2/ch2-1.htm
⑭ 古繪圖資料，蘭伯特先生收藏。

◀ 圖 4-16　明朝治台巡府鄭成功⑭

第二節 日本人所統治的時期

在西元一八九五年中國與日本因朝鮮問題引發了中日甲午戰爭。由於清朝的戰敗，以致造成同年的四月十九日，中日簽訂「馬關條約」，而將臺灣、澎湖割讓給日本。臺灣地區（如圖4-17）自此便開始成為日本的殖民地。直到一九四五年第二次世界大戰結束，臺灣才脫離日本長達五十年又四個月的殖民統治。

一八九五年臺灣割讓給日本之後，臺灣人的服飾開始出現變化。日據時代初期，日本政府治理臺灣採取懷柔政策，並未強制改變臺灣人的穿著。時至清末，大批中國青年到西方留學，紛紛改穿西服，加速男性能順利接受西式服飾的發展情形（如圖4-18）。臺灣除了受到這股風潮的影響，加上殖民母國日本的服裝同樣也有西化的趨勢，因此在臺灣人的婚禮服裝上，開始出現中西合併的情形。

日據中期（一九一九到一九三七年）臺灣民眾，對服飾西化的態度多有保留，而仍以中式服飾為主。不過隨著大陸國民革命的成功，雖然男士著西式服飾的情形，有明顯增加的現象；但女性則仍以中式服飾為主（如圖4-19）。

從一九二○年到一九三二年這十多年的發展。成人男性的穿著較之前更普遍地選擇西式服裝，特別是男性的結婚禮服式樣，普遍採西服為主，並搭配西式帽。而女性結婚禮服，一般多數以當時所流行的中式服飾作為款式，只不過是頭上帶起象徵西化的白紗（如圖4-20～圖4-21），取代了傳統中式的鳳冠頭飾，而成為「中西合璧」的結婚禮服，雖然二○年代至三○

▲圖4-17　臺灣地圖[15]

▲圖4-18　於一九一○年代臺灣民眾的全家福合照（女性與孩童穿著中式服飾；男性則是完全西式的穿著），出現中西式並存的情形。[16]

▲圖4-19　於一九二八年林徽音與梁啓超長子的結婚合照。

[15] answers.com
[16] 葉立誠（二○○一）臺灣服裝史‧商鼎文化出版印行。

▲圖4-20 於二○年代的結婚照。

▲圖4-21 新娘著中式服，頭戴白紗。⑰

年代，也出現有臺灣女性，穿著西式白紗禮服的現象（如圖4-22），但仍未普及。對於這種衣飾文化所呈現的「異質性組合」，此正好表現出臺灣文化受西化衝擊之下的過渡時期。

在一九二○、三○年代由臺灣本土菁英為主，所推行的「新文化運動」，強調社會達爾文主義所提倡之「優勝劣敗」、「適應」和「進步」，作為反傳統服飾的依據，此為服飾西化的發展加以推波助瀾；但在另一方面，推動者又基於保留傳統文化為歸向，以作為抵抗日化的理由，使得中式傳統服飾有了合理生存的條件。讓當時臺灣在服飾文化的發展能共容「中式」、「西式」、「中西合璧」等三種不同款式的融合現象（如圖4-23），可以說「臺灣新文化運動」扮演著相當重要而關鍵的影響角色。

日本殖民政府始自一九三七年開始，自此日本殖民政府以更積極性、強迫性、全面性的高壓同化政策，以達臺籍居民效忠日本來作為目的。此為日本殖民政府企圖徹底改變臺灣人的思想信仰、語文娛樂、婚喪喜慶、衣食住行等風俗習慣，這一切都要日本化。使得治臺的日本單位，把傳統服裝修改為中西合併的服式，並規定新製的衣服式樣。根據日人中村哲在一九四一年於《臺灣時報》雜誌中，以《文化政策として

◀ 圖4-22 為一九三一年西式服飾結婚合照。⑱

⑰ Claire Roberts (2002) Evolution Revolution-Chinese Dress 1700S~1990S, Powerhouse Publishing

⑱ 葉立誠（二○○一），臺灣服裝史，商鼎文化出版社印行。

の皇民化問題》一文中談到，服裝問題時認為：「捨棄活動上較方便的臺灣服式相當困難」。如果和服非常便利，人民自會穿用，然而和服確是價格昂貴又極不方便。將臺灣女裝改為洋裝尚有可能，若獎勵穿著和服則毫無意義。」

　　此顯示要臺灣女性改穿象徵日本精神的和服有其推行上的困難，故轉而接納女性穿著洋裝的看法，但依然鼓勵改穿和服、國民服（如圖 4-24），以培養出具有日本國民精神的情形。臺灣光復之後，臺灣男士普遍穿著西裝，女性普遍穿著洋服的衣飾文化現象（如圖 4-25～圖 4-26），反映出臺灣居民的服飾文化，已能普遍接受西化（如圖 4-27），這似乎說明了西化的影響，遠遠超過日本皇民化運動。

⑲ 郭皆貴先生，行政院文建會收藏

⑳ Claire Roberts (2002) Evolution
　 Revolution-Chinese Dress
　 1700S~1990S, Powerhouse Publishing

▲圖 4-23　為一九三六年的結婚合照。⑲

▲圖 4-24　為一九三五年至一九四〇年間臺灣民眾穿著和服與國民服的情形。⑳

▲圖 4-26　為三〇年代著西式洋裝的女士合照。

▲圖 4-27　為一九三五年著西式洋裝的女士。

▲圖 4-25　為三〇年代著西式西裝的男士照片。

第三節　綜觀一九○○年至一九四五年的結婚禮服

一、臺灣初期（一九○○年至一九一九年）

　　在清朝時期臺灣正式的結婚禮服，女性採「鳳冠霞披」（如圖4-28）；以及紅袍寬裙，至於新郎則是以「長袍馬褂」，或是官服為主（如圖4-29）。日治初期，臺灣人受殖民文化的影響不深，仍舊維持原有的漢式傳統服飾。到了日據中期，日本自明治維新以來對於追求西化的努力，已逐漸成熟，並將所吸收的西方文明大量傳入臺灣。同時，受到第一次世界大戰的影響，日本經濟景氣復甦，因而帶動服裝業的蓬勃發展。到了二十世紀之初，臺灣在這一波潮流的衝擊下，結婚禮服有了重大的改變。因受西化的影響，新郎改穿西式的黑色禮服、頭戴禮帽，新娘改穿及膝洋裝或裙擺及地的白色西式禮服（如圖4-30），「紅色蓋頭」逐漸改以「白色頭紗」取代之，手持捧花，不僅在樣式上全盤西化，在顏色方面也顛覆了傳統所認定的喜慶色系。

▲圖4-28　為新娘戴在頭上的鳳冠。

▲圖4-29　清際時期臺灣正式的結婚禮服。

▲圖4-30　白紗頭飾取代紅布蓋頭。㉑

㉑周汛、高春明（一九八八），中國歷代婦女妝飾，南天書局有限公司。

二、臺灣中期（一九一九年至一九三七年）

此時期新娘禮服以「中式服」爲主，但家境富裕的新娘則穿著西式白紗禮服，新娘手拿捧花成爲趨勢；至於新郎的禮服款式，除少數穿著中式的「臺灣衫」之外，多數以西裝款式作爲結婚禮服，有些會戴上白色手套、禮帽。

三、臺灣末期（一九三七年至一九四五年）

本時期正值戰時，日本政府爲爭取軍援，一切皆以簡便爲原則，結婚禮服亦不例外，故此時有女性著改良式服裝做爲結婚禮服（如圖 4-31）；亦有以簡便的洋裝做爲禮服者，但也有新娘穿著「白紗禮服」。至於新郎禮服，除西裝之外；亦有穿著「國民服」或軍裝來當禮服（如圖 4-32）。

四、臺灣北、中、南部地區的結婚禮服情形

1. 北部地區

在日據中期以後，可見到穿著西裝者日多，也開始穿著皮鞋。這是由於日本明治維新政策追趕西方文明風氣興盛，造成做爲日本殖民地的臺灣，其西化的步調只比日本緩慢幾步。此外一九三二年，臺北市區出現臺灣第一家百貨公司「菊元」（如圖 4-33），更方便人們選購各類西服、洋裝。此外，從日本傳入的縫紉車、女性雜誌，是另一股帶動洋裝流行風潮的動力。日本出版的女性雜誌，在兩週後就可以在臺灣買到。書內附有詳細的紙型製圖法與縫製法，按照圖示說明就可以製成一件洋裝。當時高等女子學校都有縫紉課，因此只要有高中程度的女性，多半都能爲自己縫製衣服。

臺灣在受到社會風氣的影響下，新娘禮服通常就

▲圖 4-31　爲一九三六年結婚禮服。㉒

▲圖 4-32　爲一九四〇年以國民服或軍裝爲結婚禮服。㉓

▲圖 4-33　設立於一九三二年，臺灣第一家百貨公司，樓高七層設有流籠電梯，號稱七重天，爲當時日據時代最摩登的娛樂、消費場所。㉔

㉒ 著作權：吳南圖先生，行政院文化建設委員會典藏。

㉓ 葉立誠（二〇〇一），臺灣服裝史，商鼎文化出版社印行。

㉔ reprinted from: hk.geociti.

▲圖 4-34　新郎穿深色燕尾服,搭配直條細紋的西裝褲與新娘的穿著白紗禮服,頭紗長而拖地,也戴白手套。㉕

▲圖 4-35　新郎穿與新娘的穿著。㉖

是時下最流行的服裝款式。

日據末期,結婚禮服穿著,主要是以西裝及白紗禮服為主。新郎禮服均為深色燕尾服,背心滾白邊,斜條紋的領帶,搭配直條細紋的西裝褲,戴白手套。新娘禮服均著白紗禮服,頭紗長而拖地,也戴白手套(如圖 4-34)。

2. 中部地區

從日據初期的結婚禮服,形式上仍沿襲保守傳統,一般老百姓穿著長衫馬褂、戴瓜皮帽;新娘穿著紅襖、戴鳳冠,紅襖內須穿白衣衫褲及肚兜 (如圖 4-35) 。

到了民國成立後,仕紳商賈才漸漸改穿西裝禮服。在日據中期,西裝已普及為新郎禮服之穿著,尤其鹿港承襲清朝一府二鹿三艋舺的商港盛名,在當時仍是首屈一指的大城市,當地人民的穿著,自然易受日化及洋化影響。日據中期的新郎禮服,有一般西裝和燕尾服兩種,可選擇有佩帶領帶或打蝴蝶結兩種,穿燕尾服需佩戴高帽,但拿在手中拍照者居多,新郎雙手戴白手套(如圖 4-36)。

日據中期的新娘禮服演變,已由紅襖漸為大衫裙所替代,鳳冠也淘汰為白色頭紗。一九三〇年代初期,流行包裹式的長頭紗,以抽褶或縫綴效果,包裹住頭部,其形狀好像鳳冠簡化後的造型(如圖 4-

▲圖 4-36　為 1930 年中部地區結婚禮服的情形。㉗

37），但有長度拖地的白紗相連接。此時期的新娘禮服並無一定形式，較講究的富有人家或知識分子，接受穿著白紗禮服的比例較高。一般新娘禮服仍以大衫或簡單洋裝為主；較富有的，就採用較好的布料，再佩戴租用的白頭紗，亦有自行製作者，但為數較少。由此看來，頭紗應是最早在新娘禮服中被西化且能普遍被接受的。

▲圖4-37　為包式長頭紗取代狀似鳳冠。

▲承圖4-37 中國傳統鳳冠。[28]

▲圖4-38　第二次大戰期間，衣連褲且束腰的連身衣影響當時的結婚禮服款式。[29]

日據末期，因受到日本人的長期雜處與現實上的需要，同化程度已漸趨成熟，甚至有穿著日式服裝結婚者，但居於少數，多數民眾包括知識分子仍以西裝、白紗或是大衫、洋裝穿著，不過流行至神社拍照、舉行婚禮。第二次世界大戰期間，日本政府為了履行戰時生活，強迫民眾著「國民服」，打綁腿，戴國民帽，亦要求婦女穿著戰時制服（是一種衣連褲且束腰的外衣），這項重大的改變確實影響到當時的結婚禮服（如圖4-38）。

3. 南部地區

日據初期的結婚禮服，大致是新郎穿長袍馬褂，新娘穿紅襖、戴鳳冠，在出嫁前夕，其內要穿上白衣衫褲。

到了日據中期，南部地區的結婚禮服，雖仍承襲著日據初期的古式禮服形態，但漸有簡化之演變，大多數結婚者仍採用傳統保守的古式禮服。在一九二〇年代臺南地區，已出現西裝及白紗禮服，新郎禮服為三件式西裝，以深色居多，外觀合身，領片較高且大

㉘ 周汛、高春明（一九八八），中國歷代婦女妝飾，南天書局有限公司。

㉙ 葉立誠（二〇〇一），臺灣服裝史，商鼎文化出版社印行。

▲圖 4-39　為一九三三年拍攝於臺南公園的結婚合照。③

▲圖 4-40　為一九五二年女性著短裙式旗袍做為正式禮服。

▲圖 4-41　一般民眾為表現回歸祖國的熱情，將嫁衣修成旗袍以表認同。

③臺灣時報副刊（一九九五年三月二十九日）。

片，背心上鑲有白色滾邊，西裝褲管流行反褶，並著深色皮鞋，一律戴白手套，新娘禮服已是白紗禮服，頭紗長度拖地，至於新娘鞋一律是西式皮鞋，款式不一（如圖 4-39）。

日據末期知識分子和富有人家，與純樸農民之間，結婚禮服的變化有很大的差別，尤其在二次大戰期間，民需物品的衣食受到管制，民間經營普遍吃緊，對於結婚事宜，以簡潔又不失傳統婚俗為主。較貧窮的務農人家，因限於經濟上的困窘，其結婚禮服是很簡單的。新娘禮服穿著簡單但較新一點的洋裝或旗袍（如圖 4-40），色澤多選擇紅色系；穿皮鞋，皮鞋色澤不一，戴男方租借來的白紗。而新郎禮服有兩種：一種是普通西裝；另一種是國民服，在當時可作為戰爭時期的禮服。

臺灣在經歷過這五十年又四個月的殖民歲月後，從一九四五年光復後，臺灣進入到中華民國執政時期。在當時因政權的轉移，局勢出現了真空狀態，在經濟方面也因通貨膨脹、物價飛漲而呈現出經濟衰退，不過臺灣民眾對於回歸祖國仍是以歡喜的心情來迎接，甚至有許多臺灣女性，在物質條件嚴重缺乏之下，仍然把嫁妝衣服修改成旗袍，以表達對祖國的認同(如圖 4-41)。

針對臺灣女性，在國民政府撤退來臺之後到五○年代這一段歲月的服裝現象，整體來說主要是以「西式洋裝」與「中式旗袍」兩類為主流。

一九五○年代的臺灣，在經濟條件逐漸好轉的發展下，臺灣民眾的穿著也漸漸地較有餘力來重視新娘禮服。此時女性除了流行燙捲髮之外，在穿著上也開始學習西方的流行，例如當時所流行的單件式或搭配

式洋裝以及新式西洋婚紗禮服，就是受到西方流行的影響所帶動起來的流行款式（如圖 4-42，圖 4-43）。

一九六〇年代臺灣服飾的發展，開始擺脫之前「簡樸、實用」的原則，轉而朝向「追循西方流行文化」的方向前進，新娘禮服亦是如此，不同於前的只是單純的接受西化而已，而是更加重視對西方流行的追求，並縮短與西方流行時差的差距。

在另一方面，一九六〇年代臺灣人造纖維工業開始興起，促使人纖成衣外銷大量增加。這也加速了國內服飾市場的的活絡。由於國內成衣的大量生產，衣服式樣增加，國人不再只有在家裡自製或至「家庭式洋裁店」訂做衣服，而是普遍地購買成衣（如圖 4-44）。其款式不僅較新穎，價格也較低廉，造成國人有了購衣穿著的習慣，新娘禮服亦然。

在一九七〇年白紗禮服除延續一九六〇年代後期的風貌外（如圖 4-45，圖 4-46），在一般女裝方面則流行穿迷你裙與戴太陽眼鏡（如圖 4-47）。至於一九七〇年代的款式則以呈現出當時的流行現象為主，並

▲圖 4-42　為一九五二年臺灣鄉村年輕女性民眾的合照。

▲圖 4-43　為五〇至六〇年代盛行的結婚禮服。

▲圖 4-45　攝於六〇年代初期的結婚照。③①

▲圖 4-46　攝於六〇年代末期的結婚照。

▲圖 4-44　為一九六〇年代臺灣女性，無袖的洋裝是當時女裝流行的代表。

③① 葉立誠（二〇〇一），臺灣服裝，商鼎文化出版社印行。

▲圖4-47　為七○年代初期流行配戴墨鏡。

130

▲圖4-48　為一九七○～一九七三年「喇叭褲」。

▲圖4-49　攝於一九七○年代的結婚合照。

充分表現出西化的服飾特色。當然也說明了臺灣服飾流行是追隨西方流行的存在事實，例如：熱褲、喇叭褲（如圖4-48）、牛仔褲、露背裝等，新娘禮服則變化更為豐富（如圖4-49）。

一九八○年代成衣界的業者進一步認知到，如果要在市場生存就一定要創造品牌提升產品的品質。因此，當時國內成衣服飾界開始重視到服裝需要設計，並積極開創品牌，以樹立自我特色風格（如圖4-50）。

這種在服飾界開始重視設計，重視品牌開發的現象，成為一九八○年代一項在服飾發展的重要特色。因此七○年代後期已有國外知名服飾流行品牌開始進入臺灣，這個情況到了一九八○年代，由於國民所得不斷提升，國人出國觀光大增，加上使用國外品牌來突顯個人身分地位的觀念盛行的影響下，讓國外知名服飾流行品牌，更加受到國人普遍的偏好，也因此加速了國外知名品牌大舉進到國內市場，而新娘禮服市場亦然（如圖4-51）。至於國外知名品牌在臺灣大行其道的情形，

▲圖4-50　為八○年代國產品牌女裝。[32]

▲圖4-51　受國外婚紗禮服大舉准入臺灣市場的刺激，國內婚紗禮服也加速變化與流行性。

刺激國內服飾朝西方流行文化的方向發展,對於國內新娘禮服業者而言,影響自然不小。

一九九○年代臺灣衣飾發展在受到:(1) 朝向深度西化,(2) 世界國際化,(3) 多元文化等三項因素的影響下,表現出以重視高度流行為特質的穿著習慣(如圖 4-52,圖 4-53)。這種在服飾上所表現的高度流行文化,可以說相當普遍且快速地被臺灣每一個地區的民眾所接受。至於此一時期國內的新娘禮服則表現出更為多元化的設計風格,也呈現出越發的豐富性感(如圖 4-54)。

此一時期臺灣適逢光復尚未脫離艱苦環境,加上大批大陸民眾隨國民政府遷居至臺灣,人民一切從簡,可是對於結婚仍是相當慎重其事。在新娘禮服方面,漸由洋裝改為白紗禮服;新郎禮服則是以西式禮服為主。隨著時間的發展,新娘禮服呈現出多樣變化,包含頭紗飾物、紗裙層次的變化、捧花設計等。不過較特殊的是,在一九四○年代新娘禮服流行頭戴「拖地長紗」(如圖 4-55)。在一九五○年代開始,新娘禮服流行蓬裙,且手捧鮮花強調拖曳拉長的裝飾。在一九

▲圖 4-52 為九○年代臺灣服裝設計師的作品。㉝

131

▲圖 4-53 為一九九五年臺灣設計師創意作品。㉞

▲圖 4-54 為九○年代流行穿扮各式不同款型的結婚禮服照片。

▲圖 4-55 為四○年代結婚禮服合照。

㉝ 芙蓉坊雜誌,MAY 1994, No.104, VOL.14 (5)

㉞ epochtimes.com? 000-2005 Epoch USA Inc.

六〇年代開始新娘禮服的流行爲強調有層次的蓬裙。在一九七〇年代開始新娘禮服的流行，以強調拖曳裙擺與突顯下襬的效果爲主要特色。大約從一九八〇年代開始新郎也流行穿白色禮服。

一、臺灣北、中、南部地區的結婚禮服情形

1. 北部地區

一九五〇年代新郎禮服有兩種穿著：西裝及燕尾服（正統大禮服），但多佩戴蝴蝶結。新郎胸前須戴胸花，以示身分，且一律戴白手套。新娘禮服方面，款式仍趨保守，通常是領圍較高、平腰剪接的長袖洋裝，下身一般爲長裙及地，蓬裙是到末期出現，頭紗通常裝飾有一排花飾，裙擺長度拖地（如圖4-56）。新娘也一律戴白手套。值得一提的是，此時期的新娘捧花均爲大束鮮花，拍照姿勢與捧花拿法多爲雷同。

一九六〇年代新娘禮服延續著一九五〇年代末期的蓬裙款式，但隨即流行回直線條式樣。這種式樣一直持續到一九七〇年代，造成一股風行遲遲未退，此種流行模式尤其以臺北地區最爲顯著（如圖4-57）。

▲圖4-56　裙擺長度拖地。

▲圖4-57　直線條禮服式樣。

頭紗則流行小頂白帽的頭紗，長度不一，造型也多變化。一九七○年代的新娘禮服，延續著一九六○年代末期發展出來的修長模式。到了一九七○年代末期，新娘禮服因大量成衣化的結果，於是有了新的發展。一九八○年代以後，結婚事宜已幾乎由禮服公司包辦，包括新郎禮服及新娘禮服，甚至捧花、美容美髮等，加上市場競爭激烈，結婚禮服更須以多樣款式變化才能滿足顧客的需求。因此，一九八○年代之後的結婚禮服款式，可說是多采多姿與多樣變化。

2. 中部地區

一九五○年代的新郎禮服，整體外型看來比起一九三○和四○年代的合身西裝要寬鬆許多，西裝褲管仍流行反褶，新郎多數戴白手套、別胸花。在新娘禮服方面，流行一件式長袖平腰洋裝，頭戴綴花長頭紗。一九六○年代，新娘禮服在此時期裙子的變化有兩種：長裙和蓬裙，都用多層蕾絲表現；頭紗流行皇冠、小帽式頭紗或玄月型花飾頭紗設計（如圖4-58）。一九七○年代起新郎禮服開始流行大領片西裝，褲管不反褶。新娘禮服則流行前述北部地區的長裙合身款式，頭紗特別流行前述小帽式頭紗，但造型更多變化。一九八○年代之後，結婚禮服的款式已走向多樣化，沒有極大的演變，但一九八○年代的富庶經濟，多少反應在新娘禮服上。此時新娘禮服已走出合身窄身款式，蓬裙造型又開始出現。

3. 南部地區

一九五○年代以後，結婚禮服的款式各地方相差不大。新娘禮服於一九五○年代前期仍是合身、直線條款式（如圖4-59），到了後期即有蓬裙的出現。南部地區的新娘鞋，多以紅色系為主。一九六○年代，新娘禮服則延續後期發展出來的合身、窄長款式，頭

▲圖4-58　中部六○年代的結婚禮服。

▲圖4-59　五○年代南部盛行的禮服款式。

▲圖4-60 南部攝於八〇年代的結婚禮服。

▲圖4-61 南部攝於二〇〇四年的結婚照。

紗流行小帽綴花的長頭紗（如圖4-60）。但至七〇年代後期開始回復蓬裙樣式，連頭紗都不再是長而單層的款式，流行多層且變化。一九八〇年代之後，臺灣經濟穩定，加上禮服公司彼此競爭趨於白熱化，讓消費者有了更多的選擇，結婚禮服的款式便更為多采多姿（如圖4-61）。尤其南部高雄為國際商港，其流行已與臺北並駕齊驅。

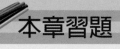

本章習題

1. 請簡述臺灣人在歷史潮流中從傳統婚俗受中國文化影響到現今時代在結婚服式方面有著什麼變化？
2. 請問中國傳統的鳳冠霞披，最早是如何漸進西化的？
3. 請問第二次大戰期間由於民需物品的衣食受到管制，一般民眾穿著的新娘禮服有了什麼變化？
4. 請問臺灣的婚紗禮服至那一個時期開始重視設計，且國內的新婚禮服有著什麼樣的變化？

第五章 中西婚紗禮服演進對照

1895-1901年

1890-1900年

1910年代

1910年代

1920年代

1920年代

1930年代

1930年代

蔡忠彥先生提供。

©ulton-Deutsch Collection/Corbis

林碧吟女士，行政院文建會收藏。

reprinted from: fashion-era.com

1940 年代

1940 年代

1950 年代

1950 年代

陳聰毅先生，行政院文建會收藏。

Miscellaneous Lilly Family Photos, A KEVIN MATTHEWS PRODCUTION.

蔡忠彥先生提供。

reprinted from: wedding.co.nz

1960 年代

1960 年代

1970 年代

1970 年代

盧亨如女士提供。

reprinted from: ravelgrane.com

黃淑貞女士提供。

I DO...100 YEAR OF WEDDING FASHION,DISTRIBUTED by Thames and Hudson Ltd.

1980 年代

1980 年代

1990 年代

1990 年代

黃基正先生提供。

New Look (1996), WINTER/HIVER, THEENGLISH PATTERN COMPANY.

轉載自李瑞麟先生結婚照。

STYLE (1996), SPRING, LONDON.PARIS, NEW YORK.SYDNEY,STYLE DATTERN LTD.

2000年代

2000年代

2001年代

2001年代

reprinted from: bigplanet.idv.tw

reprinted from: jam-designs.com

轉載；黎毅‧耿宏婚紗照，啓信教會活動相簿。

reprinted from: geocities.com

2002年代

2002年代

2003年代

2003年代

reprinted from: phoeb erourke.com

reprinted from: signatureportraitsbyrose mary.com

reprinted from: epochtimes.com

reprinted from: community.webshots.com

2004年代

2004年代

2005年代

2005年代

黃基正先生提供。

reprinted from: Answers.co

reprinted from: community.webshots.com

reprinted from: wedding.awnby.org

2006年代

2006年代

2007年代

2007年代

chicstyle.iswii.net

www.osoblog.tv

erywed.com/forum/expexch

clairelancaster.wordpress.com

2008年代

2008年代

2009年代

2009年代

chicstyle.iswii.net/trend/celebrity

www.smoky-weddings.com

chicstyle.iswii.net

literock969.com

2010年代

2010年代

2011年代

2011年代

2012年代

2012年代

 本章習題

1. 請您"自選主題"製作專題報告（範例介紹：近代世紀皇室婚紗實況；參照，附錄(二)）。

2. 請你提出自 19 世紀末以來到 2005 年期間，中西方的禮服有什麼不同或相同之處。

參考書目

中國旅游出版社編纂（民93），圖文中國民俗・婚俗，中國旅游出版社

中國輕工業出版社（民89），新編中外服裝史，中國輕工業出版社

華　梅（民90），服裝与中國文化，人民出版社

李秀娥（民92），臺灣傳統生命禮儀，星辰出版有限公司。

李秀娥（民93），臺灣民俗節慶，臺灣，晨星出版社

完顏紹元（民93），民俗文化趣談──婚嫁，萬里機構・萬里書店出版。

祁昌銳、辛意雲（民81），中國人的生命禮俗臺北，臺灣省立博物館。

吳瀛濤（民83），臺灣民俗，臺北，眾文圖書公司。

徐福全等（民83），喪葬禮儀篇，臺北：內政部

涂順從（民80），南瀛生命禮俗誌，臺南，台南縣文化局。

袁杰英（民89），中國古代服裝史，高等教育出版社

陳瑞隆（民87），臺灣嫁娶禮俗，臺南，世峰出版社。

葉立誠（民90），臺灣服裝史，商鼎文化出版印行。

葉立誠（民89），中西服裝史，商鼎文化出版社印行。

楊炯山（民82），最新婚喪喜慶禮儀大全，新竹，臺灣竹林印書局。

楊炯山（民84），婚喪禮儀手冊，新竹，臺灣省新竹社會教育館印行。

鐘福山（民84），禮儀民俗論述專輯（第五輯）──婚禮禮儀篇，臺北，內政部出版。

Bobbito Garcia (2003) Where You Get Those? New York City Sneaker Culture: 1960-1987, Publishers Weekly

Cynthia Amneus (2003) A Separate Sphere: Dressmakers in Cincinnati Golden Age, 1877-1922, Cincinnati Art Museum

Clare Lomas (1999) 80s and 90s: Power Dressing to Sportswear, Gareth Stevens Audio

Dorothy Twining Globus, Valerie Steele, Irving Solero (2000) Fifty Years of Fashion: New Look to Now, Yale University Press

JoAnne Olian (1995) Everyday Fashions, 1909-1920, as Pictured in Sears Catalogs, Dover Publications, Inc.

JoAnne Olian (1999) Full-Colour Victorian Fashions: 1870-1893, Dover Publications, Inc.

JoAnne Olian (1999) Wedding Fashions, 1862-1912: 380 Costume Designs from a Mode Illustrated? Dover Publications, Inc.

Kristina Harris (1995) Victorian and Edwardian Fashions for Women, 1840-1910, Schiffer Publishing, Ltd.

Kristina Harris (1996) Vintage Fashions for Women: 1920s-1940s, Schiffer Publishing, Ltd.

Mendelson, S and Crawford, P (1998) Women in Early Modern England, Clarendon Press, Oxford

Norma Lu Lu Meehan, Jean L. Druesedow (2002) Collection by Design II: A Paper Doll History of Costume, 1900-1949, Texas Tech University Press

Norah Waugh (1984) The Cut of Women Clothes, 1600-1930, Theatre Arts Books

Tom Tierney (2001) Queen Elizabeth the Queen Mother Paper Dolls, Dover Publications, Incorporated

Tom Tierney (1997) Diana Princess of Wales Paper Doll: The Charity Auction Dresses, Dover Publications, Incorporated

Tom Tierney (1985) Princess Diana and Prince Charles Fashion Paper Dolls in Full Color, Dover Publications, Incorporated

國家圖書館出版品預行編目資料

中西禮服史 / 蔡宜錦編著. -- 三版. -- 新北市：
全華圖書, 2013.08
　　面；　　公分
ISBN 978-957-21-9124-8(平裝)

1.婚姻習俗 2.服飾習俗

　538.4　102015647

中西禮服史

作　　者　蔡宜錦

執行編輯　蔡佳玲

發 行 人　陳本源

出 版 者　全華圖書股份有限公司

郵政帳號　0100836-1號

印 刷 者　宏懋打字印刷股份有限公司

圖書編號　0577402

三版一刷　2013年08月

Ｉ Ｓ Ｂ Ｎ　978-957-21-91248（平裝）

定　　價　380元

全華圖書　www.chwa.com.tw

若您對書籍內容、排版印刷有任何問題，歡迎來信指導 book@chwa.com.tw

臺北總公司（北區營業處）
地址：23671 新北市土城區忠義路21號
電話：(02) 2262-5666
傳眞：(02) 6637-3695、6637-3696

南區營業處
地址：80769 高雄市三民區應安街12號
電話：(07)381-1377
傳眞：(07)862-5562

中區營業處
地址：40256 臺中市南區樹義一巷26號
電話：(04) 2261-8485
傳眞：(04) 6300-9806

歡迎加入

全華會員

● 會員獨享

會員享購書折扣、紅利積點、生日禮金、不定期優惠活動…等。

● 如何加入會員

填妥讀者回函卡直接傳真 (02) 2262-0900 或寄回，將由專人協助登入會員資料，待收到 E-MAIL 通知後即可成為會員。

如何購書

全華書籍

1. 網路購書

全華網路書店「http://www.opentech.com.tw」，加入會員購書更便利，並享有紅利積點回饋等各式優惠。

2. 全華門市、全省書局

歡迎至全華門市（新北市土城區忠義路 21 號）或全省各大書局、連鎖書店選購。

3. 來電訂購

(1) 訂購專線：(02) 2262-5666 轉 321-324
(2) 傳真專線：(02) 6637-3696
(3) 郵局劃撥（帳號：0100836-1　戶名：全華圖書股份有限公司）
※ 購書未滿一千元者，酌收運費 70 元。

OpenTech 全華網路書店.com.tw

全華網路書店 www.opentech.com.tw
E-mail: service@chwa.com.tw

※ 本會員制如有變更則以最新修訂制度為準，造成不便請見諒。

讀者回函卡

填寫日期： ／ ／

姓名： 生日：西元 年 月 日 性別：□男 □女

電話：（ ） 傳真：（ ） 手機：

e-mail：（必填）

通訊處：□□□□□

學歷：□博士 □碩士 □大學 □專科 □高中・職

職業：□工程師 □教師 □學生 □軍・公 □其他

學校/公司： 科系/部門：

註：數字為 Φ 表示，數字 1 與英文 L 請另註明並書寫端正，謝謝。

・本次購買圖書為：

・您對本書的評價：
　封面設計：□非常滿意 □滿意 □尚可 □需改善，請說明
　內容表達：□非常滿意 □滿意 □尚可 □需改善，請說明
　版面編排：□非常滿意 □滿意 □尚可 □需改善，請說明
　印刷品質：□非常滿意 □滿意 □尚可 □需改善，請說明
　書籍定價：□非常滿意 □滿意 □尚可 □需改善，請說明
　整體評價：請說明

・您在何處購買本書？
　□書局 □網路書店 □書展 □團購 □其他

・您購買本書的原因？（可複選）
　□個人需要 □幫公司採購 □親友推薦 □老師指定之課本 □其他

・您希望全華以何種方式提供出版訊息及特惠活動？
　□電子報 □DM □廣告 （媒體名稱 ）

・您是否上過全華網路書店？（www.opentech.com.tw）
　□是 □否 您的建議

・您希望全華出版那方面書籍？

・您希望全華加強那些服務？

～感謝您提供寶貴意見，全華將秉持服務的熱忱，出版更多好書，以饗讀者。

全華網路書店 http://www.opentech.com.tw
客服信箱 service@chwa.com.tw

2011.03 修訂

需求書類：
□ A. 電子 □ B. 電機 □ C. 計算機工程 □ D. 資訊 □ E. 機械 □ F. 汽車 □ I. 工管 □ J. 土木
□ K. 化工 □ L. 設計 □ M. 商管 □ N. 日文 □ O. 美容 □ P. 休閒 □ Q. 餐飲 □ B. 其他

書號：

親愛的讀者：

感謝您對全華圖書的支持與愛護，雖然我們很慎重的處理每一本書，但恐仍有疏漏之處，若您發現本書有任何錯誤，請填寫於勘誤表內寄回，我們將於再版時修正，您的批評與指教是我們進步的原動力，謝謝！

全華圖書 敬上

勘　誤　表			
頁 數	行 數	書 名	作 者

書 號：

書 名：

錯誤或不當之詞句 | 建議修改之詞句

我有話要說：（其它之批評與建議，如封面、編排、內容、印刷品質等・・・）